田中研之輔
Kennosuke Tanaka

ルポ 不法移民

アメリカ国境を越えた男たち

Eurus
Notus
Boreas
Zephyrus

岩波新
1686

JN158982

はじめに

「不法移民を強制送還せよ」

二〇一七年一月二五日、メキシコ国境沿いの壁の建設と国境警備の強化を明記した大統領令(一三七六七号)に署名したトランプ大統領は、「国境のない国家は国家ではない。アメリカは今日から国境を取り戻す」と声高らかに宣誓した。大統領選挙中にも「国内にいるすべての不法移民を強制送還する」という発言を繰り返してきた。

八月二日には、永住権の年間発行を半減させることを組み込んだ新移民政策法案への強い支持を表明した。「今後は技能の低い低賃金労働者の受入ではなく、英語を話し高い技能を持つ申請者を優先的に受け入れる」という言葉も添えた。

さらに、九月五日には、オバマ前政権が二〇一二年に大統領令で導入したＤＡＣＡ(Deferred Action for Childhood Arrivals)の廃止を表明した。ＤＡＣＡは不法移民の両親と入国し、アメリカでの生活を通して成長した若い世代に合法的な在住資格と労働許可を認める政策であった。トランプ大統領は、ＤＡＣＡにより認められた八〇万人の「ドリーマー」の滞在資格を剝奪し、順に強制送還していくという。二〇一八年三月までの半年間の猶予を与え、その間の議会の対応を求めている。

外からの流入を防ぎ、内からも追い出す排外主義的な移民政策が強化されつつあるアメリカの動向をみていて、本書を書かなければならないという思いを強くした。

というのも、私は二〇〇六年から二〇〇八年までの二年間、メキシコ、グアテマラ、ホンジュラス、エルサルバドル、ニカラグアといった中南米諸国からアメリカにやってきた出稼ぎ労働者と一緒に働き、毎日のように食事を共にしてきた。

彼らは正規滞在資格を保持せずにアメリカに暮らす不法移民であった。そして、トランプ大統領が強制送還の対象としていたのは、日雇い労働の苦楽を共にした彼らであった。

二〇〇八年三月末に帰国してから現在に至るまでもアメリカに幾度も足を運び、彼らのもとを訪ねた。国内にいるときも、彼らをとりまく社会動向や最新の研究蓄積をキャッチアップし、不法移民の生活を追いかけてきた。

これまでの一一年間の経験的なデータから、アメリカに居住するすべての不法移民を強制送還することは、どのように考えても不可能である、ということは明らかだ。莫大な予算を投下して国境沿いに巨大な壁を建設したところで、不法に入国する移民の根本的な問題解決にはならない。

このように断言するに至る根拠について、本書では不法移民の労働と生活の実態から示していく。

不法移民とは？

不法移民の労働や生活のリアルへと踏み込んでいく前に、不法移民とは誰か？ 強制送還とは何を意味するのか？ について述べておく。

不法移民とは、正規の滞在資格を持たずに生活する移民のことだ。アメリカ合衆国国籍法が定めるところの、市民（citizen）でも国民（nation）でもない「非合法移民（illegal immigrants）」であり、外国人（alien）の中で「不法の外国人（illegal aliens）」のことを指している。

この不法（illegal）という言葉の暴力性を回避するために、「（滞在資格に関する）書類を持たない移民（undocumented immigrants）」、「書類を持たない労働者（undocumented workers）」、「権限のない移民（unauthorized immigrants）」と呼称されることもある。

それではいったい、どれくらいの人が、正規滞在の資格を保持せずにアメリカに住んでいる

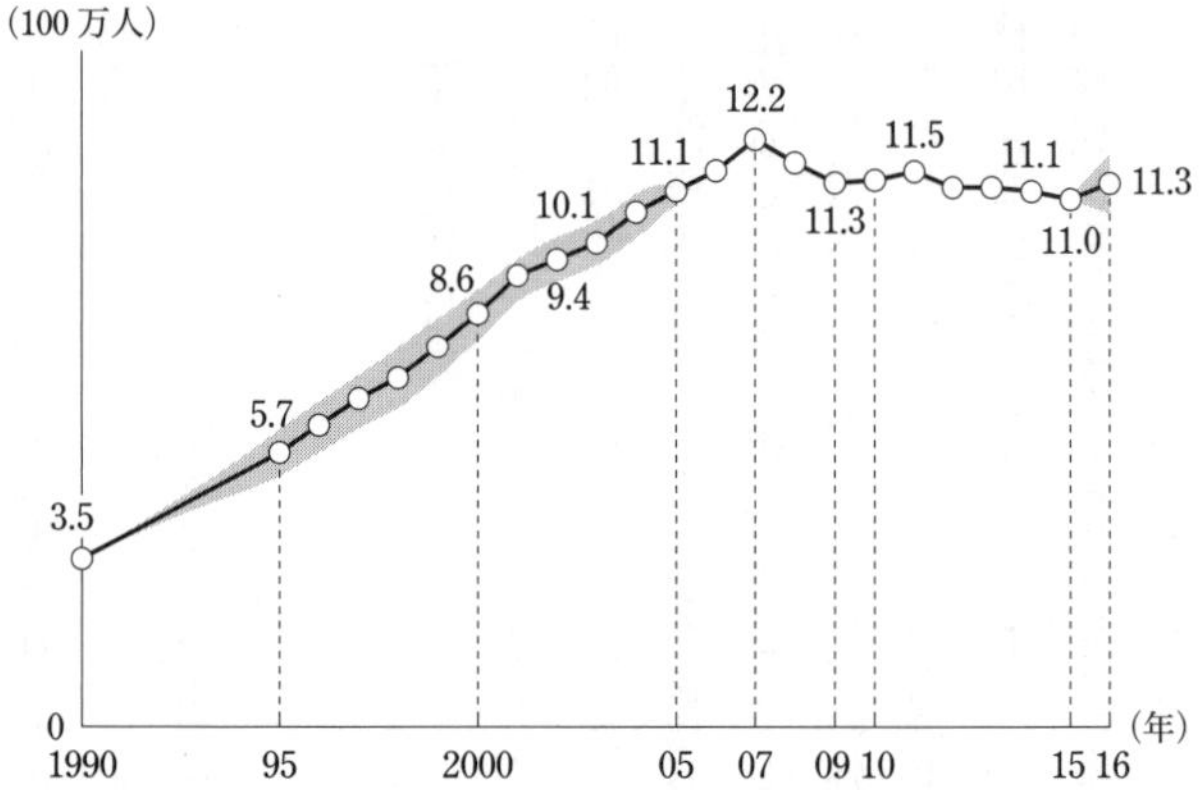

図1　アメリカ国内の不法移民人口の動態(1990–2016)

出所：http://www.pewresearch.org/fact-tank/2017/04/27/5-facts-about-illegal-immigration-in-the-u-s/

のか。二〇一六年現在、アメリカで生活をする不法移民は、およそ一一三〇万人と言われている(Pew Hispanic Center)。この人口は、一一三二万人の国民がいるベルギーとほぼ同等である。まず、アメリカに住む不法移民の人口規模に驚くことだろう。

加えて興味深いのは、不法移民の数は、一九九〇年は三五〇万人で、それから二〇〇七年の一二二〇万人になるまで激増してきた、という点である。二〇〇七年以降は、微減し、近年は一一三〇万人前後を推移している。

アメリカ社会にとって不法移民とは、近年における急激な流入人口であり、きわめてアクチュアルな社会問題なのだ。

では、強制送還とは何か。強制送還とは、正規の在留資格を保持せずに滞在する外国人を強制的に国外へと送還する制度のことで、実質的には退去を強制させることを指している。強制送還の対象となるのは、不法に入国した者、在留資格を取り消された者、在留期限を超過した者、在留資格とは異なる活動を行った者、テロ・偽造・破壊活動などの一定の犯罪に関与した者である。

強制送還は一人一人の身体的な移動を伴う。移民を拘束し、飛行機に乗せて送還する。膨大な費用と労力がかかる。それらを想像するだけでも、トランプ大統領の宣言がいかに大それたものであるのか、あらためて理解頂けるであろう。

だが、すべての不法移民を強制送還することは不可能であるという私の根拠は、不法移民の人口規模の膨大さと壁建設や強制送還に伴う莫大なコストという観点から判断しているだけではない。アメリカで暮らす彼らの行動様式や生活ぶりに基づく。

未知の世界へ――日雇い労働者として不法移民とともに働く

私は社会学を専門として、集団や組織に関するエスノグラフィーをこれまで刊行してきた。エスノグラフィー(ethnography)とは、「民族(エスノ:ethno)」の生き方や働き方を「記述する(グラフィー:graphy)」社会調査の一手法である。もともとは人類学の分野で取り入れられてきた。近年は社会学や経営学にも援用されている。

エスノグラフィーの強みは、対象の世界へと入り込み、そこで起きている行為、集団の規則や規範をできるだけそのまま抽出する点にある。その強みを最大限に活かし、抽出した人々の行為や経験の集積を分析し、対象世界の内実を人々に広く伝えていく。エスノグラフィーに携わる者は、対象世界とそれ以外との世界とをつなぐ役割を担っている。

とはいえ、読者の多くがそうであるように私自身も、国境を越えて日雇い労働をする不法移民たちと接する機会をもっていなかった。日本で生活している限りにおいては、アメリカで生活する不法移民の彼らを知る直接的な接触機会はない。テレビやインターネットからの間接的な情報が、彼らの存在を知る唯一の接点である。

日本国内でも日雇い労働者の街として知られる、東京の山谷、大阪の釜ヶ崎、横浜の寿町に数回足を運んだだけである。社会学の調査として訪れているわけではなく、見学に過ぎない。日雇い労働は私の専門外の現場であった。

不法移民として生きる男たちの社会的世界は、私にとって文字通り未知の世界だった。

人類学者が未知の世界へと入り込み、数々のエスノグラフィーを編み上げてきたことからもわかるように、エスノグラファーにとって対象世界を知らないことはデメリットではない。

日々変化する生きられる現場の中で、門外漢であるということは、むしろ武器になる。何もかもがわからないので、日雇い労働者のコミュニティでは当たり前の行動や規範にも、いちいち気になることが出てくる。

そこで私は、アメリカに暮らす日雇い労働者の行動を一つ一つ理解していくために、観察者ではなく、自らも一人の労働者として働くことを選択した。

質問紙を用いた形式的なインタビューは行わなかった。日雇い現場でノートにメモをとる行為は馬鹿げたことに思われた。どんな仕事でもやってみて身体で感じ覚え、記憶として刻み込む事を心がけた。現場に入り込めば込むほど、調査という言葉はどうでもよくなる。現場は調査者という立場を安易に認めないほどに生々しく、緊張感もある。

エスノグラファーとして現場で何を感じ、何ができるのか。一人の人間としてその社会的世界に存し、何をするのか。実践としてのエスノグラフィーに身体を賭けている。

私にとってエスノグラフィーという手法は、対象の世界へと肉薄するアプローチであるだけでなく、調査に携わる自身にも多大な成長をもたらす現場でのトレーニングなのだ。

エスノグラフィック・ルポルタージュ

対象世界に入り込むことに強みを持ち、調査者自身の成長記録の上に紡ぎ出されるエスノグラフィーは、対象世界の内実を外の世界へと伝えるという点で、専門性の檻の中に安住してきた。

人類学、社会学、経営学、それぞれの専門領域の理論や既存の見識に対して新たな気づきを示すという役割にとどまってきた。だからこそ、専門の領域を越えてエスノグラフィーが読まれることは少ない。アカデミックの世界から一歩外へと出ると、エスノグラフィーという言葉は知られていない。

この専門性の檻から飛び出るために、本書ではエスノグラフィックな手法を用いつつ、より広く一般の読者へと届くように記述のスタイルを工夫した。そこで現場の出来事をよりビビッドに描きだすルポルタージュのスタイルを踏襲した。他のルポルタージュがそうであるように、本書に記載する内容はすべてリアルなエピソードである。

不法移民がニュースに取り上げられるとき、アメリカとメキシコとの国境沿いでの不法移民の行動に焦点をあてたものが多い。国境を不法に乗り越えていく行為にフォーカスがあたり、その先の彼らの生活はみえてこない。

みえてこない異質なものに対して、理解を示し、寛容でいることは容易なことではない。不法移民は麻薬の密売や殺人を犯す、極悪な犯罪者であると認識している人も少なくない。しかし、不法移民は極悪人であるという認識はアメリカを生きる不法移民の現実と大きくかけ離れている。

私がこの問意識し続けたことは、彼らが同じ一人の人間として何を感じ、何を悦びとして、何に苦しんでいるのか、毎日をどのように過ごしているのか、生きがいは何であるのか、できるだけ彼らの目線から彼らの日常を浮かび上がらせることであった。偏った情報から想起されるイメージに振り回されることなく、裸一貫で日雇い労働の現場に飛び込んだ。

本書で明らかにするのは、不法移民であるとされる男たちが、どのような経緯で国境を越えてアメリカに入国して、その後、いかに働き、毎日をいかに過ごしているのかという生活の記録であり、生の軌跡である。

いうなれば本書は、不法移民のエスノグラフィック・ルポルタージュである。

ノース
バークレー
バークレー
カリフォルニア
大学
スタジアム
セントラル
バークレー
サウス
バークレー
サンパブロ
パーク

ハースト通り周辺の地図

サクラメント
リッチモンド
バークレー
サンフランシスコ
オークランド
サンノゼ
ネバダ州
カリフォルニア州
ラスベガス
アリゾナ州
ロサンゼルス
サンディエゴ
メキシコ

アメリカ西海岸

目次

目次

第１章　住宅街の職場

ハースト通りで仕事待ちをする男たち

バークレーへ

研究者になれるかどうかなんてわからない二〇代前半の見習い期間に、一冊の本に衝撃を受けた。フランス人社会学者のロイック・ヴァカンが書いた『ボディ&ソウル――ある社会学者のボクシング・エスノグラフィー』(Wacquant 二〇〇四＝二〇一三)だ。

白人の社会学者であるヴァカンが、シカゴ大学近くのボクシングジムに入会し、一〇〇名近い黒人ボクサーたちと一緒に練習を重ねていく。ボクシングに没頭することでのヴァカン自身の身体の変化が丁寧に描かれている。それだけでなく、身体をキャンバスにしながら、ボクシングジムをとりまくシカゴ都市社会の日常も詳細に書き込まれている。

面白い。身体の／で変化を捉え、自身のまなざしをとおして社会の構造に迫る。これこそ、エスノグラフィーの醍醐味だ。書いてみたい。そのためにも、ヴァカンから直接学びたいと思った。

五年が経過した。私は幸運にもヴァカン教授が教鞭をとるカリフォルニア大学バークレー校で研究する機会を手にした。滞在先や大学でのＩＤ発行等の諸々の手続きを済ませ、所属する社会学部で行われている研究会に参加するようになった。

エスノグラフィーの最先端の理論的見識、方法論的革新について、世界各国の事例の研究報告をとおして議論できるのは、この上ない経験だった。理論的視座を磨きながら、現場で格闘し続けるエスノグラフィーの虜になった。こうして私のアメリカ滞在は、世界中から研究者が集まる研究機関での順風満帆なスタートを切っていた。

通学用にマウンテンバイクを購入した。慣れない土地の地図を頭に書き込んでいくのに、自転車という移動手段は最適である。大学までの移動も二五分程度だ。それから毎日、いろんなルートで毎日違った景色をみながら通学することが私の楽しみでもあった。西海岸での生活も慣れてきた、そんな矢先のことだった。

異様な光景

滞在先から大学へと向かう途中、四番街通りからハースト通りにさしかかると、路上に群れる男たちに遭遇した。その数はざっと一〇〇名を越えている。

四番街通りには、高級ブティック、お洒落なレストラン、アンティークショップ、アウトドアショップ、本屋等が立ち並ぶ。ショッピングストリートとして知られ、建物の多くはリノベーションされている。メルセデスやポルシェといった高級車が目の前を通過していく。

その四番街通りですれ違ったショッピング客とは、まったく異なるいで立ちをしているのが彼らだ。背格好や肌の色から、白人や黒人ではない。中南米系の男たちだ。カリフォルニアの穏やかな日差しが差し込む路上とは、対照的な暗鬱な集団。それが最初の印象だ。茶褐色の肌をさらに暗くみせるような黒系統の服を着ている。

くわえて、この光景が私の脳裏に焼き付いたのは、路上で立ち止まっている彼らに素朴な違和感を抱いたからだ。そこだけ、時間がとまっているように感じられた。ここで何をしているのか？

彼らの前を自転車で通り過ぎ、研究会に参加するために大学へと向かった。都市の貧困に関する研究報告の間、彼らは何をしているのか？ 毎日、いるのか？ いつまでいるのか？ といった問いが頭の中をぐるぐるめぐった。

研究報告の内容は頭に入ってこない。彼らのことが気になってしかたがなかった。研究会をおえると、ハースト通りを目指した。一六時を過ぎていた。午前中にみかけた一〇〇名を越える彼らは、一〇名程度になっていた。

この場所にずっといるわけではないようだ。

ハースト通りの観察

翌日からはハースト通りを通学路にした。ハースト通りはサンフランシスコ湾東岸に位置する人口約一〇万人のバークレー市内にある。サンフランシスコからはベイブリッジを渡り、フリーウェイ五八〇号を北上する。ユニバーシティ通り出口でおりると、ユニバーシティ通りを東に向かう。一つ目の信号を左折すると、ハースト通りにぶつかる。

九番通りから二番通りまでの七ブロックがハースト通りだ。

北にはリッチモンド市、南にはオークランド市がある。どちらの市にも、低所得者層が密集する地区がある。それらの地区は犯罪が多発するエリアとしても知られている。リッチモンド市やオークランド市とは対照的にハースト通りには、主に白人の中流階級の人びとが穏やかに暮らしている。郊外の住宅街にあるどこにでもみかける通りである。

私は大学に行かない週末にも、ハースト通りに出向き、男たちの数をカウントするようにした。できるだけ時間をかえて出向くようにもした。彼らの目の前を通り過ぎる通行人を装った。自転車で通過するときに、彼らの人数を把握していった。

研究会の合間に、「ハースト通り、メキシカン」というキーワードでインターネット検索をした。すると彼らが路上で仕事待ちをしている日雇い労働者であることがわかった。

詳しく見ると記載されたニュースには、家の前での長時間の滞在、ゴミの廃棄や屎尿による不衛生等、彼らがハースト通りで仕事待ちをしていることで周辺住民との間にさまざまな問題が起きていることが書かれていた。

毎日、足を運んだ。三週間が経過した頃には、おおよその人数がつかめてきた。この三週間、何度でもハースト通りに足を運ぶ持続力が私の強みだ。

朝六時過ぎに、彼らがいることはまずない。七時を過ぎた頃に、二～三人の姿を見ることもある。ぼちぼち顔を見せるのが九時前ぐらいである。九時を過ぎてから二時間ぐらいの間に、男たちが集まりだし、一一時頃には一〇〇名を越えている。

男たちは四～五名で塊をつくり、数百メートルにわたって疎《まば》らに座り込む。彼らの目の前に車がとまり、車内の運転手と幾つか会話を交わし、一人、もしくは二人で、その車に乗り込んでいく様子も目撃した。

同じ目線で

ハースト通りには特段看板もないし、斡旋業者がいるわけでもない。にもかかわらず、彼らはここで仕事を待っている。彼らは正規滞在資格なしに仕事をしている。仕事内容や生活の様子などは、誰の関心にもあがらないのか。タブー視されているのか。

いつどうやってアメリカにきて、どんな仕事をして、どれくらい稼いでいるのか。思った質問を直球で投げつけ、効率よく男たちのことを調べることもできなくはない。また、一歩距離を置いたところで観察しながら質問をぶつけることは可能だ。

ただ、そうした調査者と調査対象の関係性を固持した形式的なやりとりから知り得る情報は限られたものでしかない。手軽に得たデータは、それだけの価値しかもたない。

大切なのは、彼らの日々の行動や生の声だ。もっと彼らに近いところで、彼らの目線から仕事や生活をつかまえてみたいと考えるようになった。

私はハースト通りで仕事を待つ男たちと同じような服装を手に入れるために、行きつけの大型量販店へとむかった。せっかちな私は買い物で迷うことはない。今回の買い物も五分とかからなかった。黒色のパーカーに作業用のチノパンを購入した。どちらも最安値の商品を選び、合計で三〇ドルほどであった。

その日は滞在先にまっすぐ帰宅し、翌日から一人の労働者として働くことを思い浮かべながら床についた。

仕事待ち初日

翌朝を迎えた。朝食を食べていると、少しばかり緊張を覚えた。これまでの日々と違うのは、今日から日雇い労働者の一人として働くということだけだ。

午前九時にハースト通りに着いた私は、四番街通りショッピング施設の裏手にマウンテンバイクを停め、施錠した。

それまでの三週間で、このハースト通りに男たちが何人ほど集まり、どのあたりに陣取っているかは予想がついていた。なんのためらいもなかった。覚悟はできていた。

ハースト通りは、一方の側に商業施設が建ち並び、道路を挟むとだだっ広い駐車場になっている。駐車場側には、日本でもよくみかける緑色のフェンスがあり、そちら側で仕事を待つことにした。そのフェンスは背もたれにするにはちょうどいい高さのように感じられた。

私は、男たちが一番集まっている四番街通りとハースト通りとの交差点から二〇メートルほど離れた場所に陣取った。なるべく自然な動きで、労働者の中に溶け込むことを意識した。商店街を闊歩する買い物客としてでもなく、この間続けてきた男たちの人数をカウントする路上観察者でもなく、一人の労働者としてこのハースト通りにくると、見える景色が劇的に変わる。不思議な感覚だった。

自分自身の目線が変わる。目の前を通り過ぎる車をみるようになる。車がとまるかどうかは、運転手次第なので顔をあげ、運転手の目をみるようになる。このハースト通りを観察していたときに、労働者とどうも目が合うなと思っていたのは、このためだった。自転車できていた私は雇い主の一人かもしれないとみられていたわけだ。

日雇いの仕事を得るためには、雇い主と交渉をしなければ始まらない。仕事を待っていると、そう簡単には目の前に車が停まることはない、というのを痛感した。車は何台も通るが、目の前を通り過ぎていくだけだ。

仕事を求めてやってきたものの、時間だけが過ぎていく。気が付くと一時間が経過した。そのまま、何の変化もなく、三時間が経過し、昼になった。

その場所から離れている間に、仕事を得るチャンスを失うかもしれないと考え、昼飯もとらずに、一六時までハースト通りにいた。

この長時間を立ち続けるのは苦行だった。フェンスにもたれかかったり、地べたに座ったりを繰り返して、仕事を待った。

一日目はこうしておわった。目の前を通り過ぎた男たちの何人かとは、目が合ったが、とくに話しかけることはしなかった。仕事もなかった。仕事を待ち続けただけの不完全燃焼から気持ちは冴えなかった。

二日目も九時にはハースト通りに向かった。時間だけが過ぎていった。男たちとは、とくにやりとりを交わさなかった。ただ、得たこともあった。二日間ハースト通りで過ごすことで、集団の動きを内側から少しばかり感じ取れるようになったのだ。


「ここで何をしている」

三日目を迎えた。いつもと同じ場所に、黒のパーカーにチノパン姿で立っていると、中肉中背の男たちに四方を囲まれた。

「ここで何をしている。」

「仕事を待っているんだ。働きたい。」

「お前が仕事だと？　ふざけるな。何人必要なんだ？」

苛立ちを覚えた男が、語気を強めながら詰め寄ってくる。あっという間の出来事だった。目の前に立ちはだかる男たちは、ハースト通りの常連たちだ。

「仕事が欲しいんだ。ふざけているわけじゃない。」

矢継ぎ早に返答する。身の危険は感じない。西海岸の気候は、目の前に立ちはだかる男たちの気持ちを穏やかなものにしているはずだという身勝手な思い込みが私を包み込んでいた。

「仕事が欲しいのか？　お前は雇う側のエスニックだろ。」

私の後ろに立ってこれまで黙っていた男が悟ったように切り出す。

「わかったぞ。警察だな。こんな服を着て、俺らに混ざって何か調べるって魂胆だろ。」

私服警官の潜入調査だと言われたのには驚いた。勘違いが尾を引く前に明確に否定をしておく必要があった。

「だから言っているじゃないか。雇い主でもないし、警察でもない。仕事が欲しくてここにいる。」

その時に発した言葉は、目の前の男たちの苛立ちに負けないほどには力強かった。スペイン語を母語とする男たちとの不慣れな英語でのやりとりが、展開していく兆しを見せなかったので、私の方からわざとらしくキレてみせた。

フェルナンドとの出会い

男たちに囲われたままでは仕事もできない。彼らのもとを離れて、仕事待ちを再開しようと移動しかけたその瞬間だった。

これまでのやりとりをじっとみていた一人の男が話しかけてきた。

「フェルナンドだ。よろしくな。お前は？」

いきなりのタイミングで驚いた。この男は視線を逸らさない。身長は一八〇センチメートル程度で、筋肉の上に脂肪がのっている。胸板が厚く、がっちりとしている。赤褐色の地肌が日焼けでさらに黒々としている。

「日本人か？」

「そうだ。」

「日本人がハースト通りに来るのは珍しいな。俺は今まで会ったことがない。俺はな、日本が好きだ。日本車は故障しない。日本製の電化製品は品質がいい。お前の国をリスペクトしている。」

フェルナンドと名乗る男との距離があっという間に縮まった。出会いとは不思議だ。フェルナンドとはこれからも上手くやれる。そんな感覚を直感的に抱いた。

このやりとりをしている間に、路地の反対側にいた労働者が三名、私の元へとやってきた。彼らは私に「何人の労働者を必要としていて、どのような職種であるのか」を聞いてきた。彼らからみれば、私は労働者ではなく、雇い主なのだ。

顔見知りでないばかりか、アメリカの日雇い現場でもっとも少数派のアジア人であるので、それも無理もない。

「引っ越しか？　家の修理か？　なんでもいいぞ。手伝ってやる。」と言いながら道を横切り、われわれがいる歩道へと近づいてきた。日本人か、韓国人か、あるいは、中国人か、というアジア的身体をまとう私が、この場所で仕事を待つことは、彼らにとって想定外のことだ。

いつのまにか、フェルナンドのまわりに一〇名近くの男たちが集まっていた。私を取り囲む男たちに対して、フェルナンドはすかさず「こいつをよろしくな」と紹介してくれた。まるで弟を紹介するようなフェルナンドの表情は今も忘れない。

私はこれまでのエスノグラファーとしての経験則から、集団のボスが出てくるまでは、身勝手な行動はしないと決めていた。最初の出会い方や関わり方がその後の関係性に影響を及ぼすし、集団の規律がわからない段階で闇雲に動くことは極めて不自然な動きとなることを学んでいたからだ。

私はフェルナンドとの出会いをきっかけにして、ハースト通りの仕事待ちの世界へとどっぷりと入っていくことになる。

ボス・フェルナンドと筆者

挨拶まわり

翌日からは、互いの拳と拳をあわせて挨拶を交わした。大抵の場合、私のほうがはやかったので、ハースト通りで仕事待ちをしているとフェルナンドが遅れてやってきた。

「調子はどうだ？」

「元気だ。フェルナンドはどうだ？」

「かわりないさ。じゃあ、ついてこい。」

そう言うと、フェルナンドはハースト通りにいる労働者一人一人に紹介してくれた。連れまわされて紹介されるのは、恥ずかしい気もした。

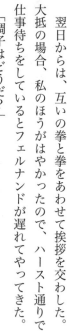

この挨拶まわりはフェルナンドの私に対する思いやりでありがたかった。フェルナンドは威張り散らすようなタイプではない。穏やかな口調で皆に語りかける。その気さくな人柄から仲間内に広く慕われている。そうした日頃からのやりとりで仲間の信頼を獲得していた。

フェルナンドは、ハースト通りに集まる男たちの名前や出身地を把握している。挨拶を交わした時に、彼らもフェルナンドの存在を認めている。

この挨拶まわりが一巡したころには、フェルナンドがハースト通りに集まる一五〇名近くの日雇い労働者のリーダー的な存在であることがわかってきた。フェルナンドの英語が流暢であることも、スペイン語圏を越えて、英語圏に進出してきた集団のなかでは貴重な存在であることは間違いのないことだった。

それだけでなくフェルナンドは、この路上での仕事待ちの経験歴も長く、今、起きている状況を把握し分析し表現することにも長けている。

挨拶まわりをしていて気が付いたことがある。ハースト通りで仕事を待つために守らなければならない公式のルールはないし、ここで集まる男たちが統制された集団を形成しているわけでもない。しかし、ハースト通りに集まる男たちは緩やかにつながっている。

南米諸国から国境を乗り越え、アメリカに移り住み、このハースト通りで仕事を待つようになった偶発的な出会いが彼らの横のつながりをつくっていく。友人同士で仕事を待つ者もいれば、互いの名前だけを知っている者もいる。互いの存在を認めつつ、互いを深く干渉しないところで、職場の同僚としての仲間意識を持っている。

日雇いの観察

ハースト通りのどの場所で仕事を待つのかは、各々の判断だ。仕事待ちの場所を決めるような強制力は誰も持っていない。組織もない。拾ってきた椅子に座るもの、そのまま地べたに座るものもいる。

交差点で仕事待ちをしている労働者は、ハースト通りに来て間もない新人だ。交差点は四つの方向から車が入ってくる。交差点付近にいれば、目の前を通りすぎる車の量が増える。その交通量から判断して、仕事待ちを始める。

しかし、仕事の交渉をするのに、交差点の角に車を停める運転手はいない。結果的に、交差点で仕事を得る確率は低い。新人はハースト通りのルールを摑めていない。

雇い主たちが運転する車は、荷台に荷物を載せることのできるピックアップトラック、バンタイプの車、大型のトラック、普通乗用車と様々である。

仕事を得るためには、ハースト通りに入ってきた車の車種を見極める。普通乗用車であれば、庭の掃除や屋根の雨樋にたまった枯れ葉の除去などの仕事が想定される。ピックアップトラックや大型のトラックであれば、大型家具を含む引っ越しの手伝い、建設現場や工事現場での肉体労働が仕事内容である可能性が高い。

ハースト通りに車が入ってきて、徐々に近づいてくる。ここで大切なのが、運転手とのアイコンタクトである。片手をあげ、アイコンタクトをする。それによって運転手に、「仕事を頼んでも良さそうな人物であるな」と思わせる必要がある。アイコンタクトが上手くいくと、車が目の前や数メートル先のところで停車する。

停車したら、運転手の窓側に急いで近寄る。ハースト通りで仕事待ちをしている男たちは、仕事の交渉をするまでは相手を選ばない。大型トラックだから反応しないというように、車種で行動をかえることはない。

運転手側の窓が下がると互いに軽く挨拶を交わし、交渉が始まる。

「何人必要だ？」

ハースト通りでの日雇いの交渉時に、身分証明書や運転免許証を提示することはない。身分証明書等を持っていない男たちがこの通りで日雇い労働を待っているということは、雇い主も承知している。

車のまわりには、五〜六名の男たちが集まっている。多い時には、七〜八名が運転席側のドアの部分に集まるようなこともある。

「そうだな、庭の清掃を頼みたい。二人だな。」

このやりとりの直後に、そこにいる男たちに必要な人数は二人であることがスペイン語で共有される。最初に交渉を受けた者が一人を選んで連れていく。ハースト通りの仕事交渉で、男たちが採めることは一度もなかった。二人が必要である場合には、その人数を越える残りの男たちは、車から離れて、次の車を待つ。

仲間の仕事が上手くいくように、肩を軽くたたく。仕事が上手くいくといいな、そんな気持ちを込めて、仲間を送り出す。

二人の男たちが車の横に残ると、次は賃金交渉が始まる。

「一時間七ドルでどうだ？　二時間もあればおわる。」

「冗談はよしてくれ。庭の清掃なら一四ドルだ。」

「それは払えない。お前らじゃなくてもいい。そうだな、じゃあ、一人一〇ドルでどうだ。」

「わかった。それで引き受ける。」

運転手側から提示される賃金に値上げ交渉をした上で、仕事を受ける。

ちなみに、カリフォルニア州の最低賃金は、二〇二〇年までに時給一五ドルへと段階的に引き上げることがきまった。現状は労働者の権利を守るべく、最低賃金が一〇ドルに定められている。

雇い主はできるだけ安い賃金で労働者を雇いたい。そのため、路上で仕事を待つ彼らのところへとやってくる。

男たちは自分たちの労働力を安売りはしない。雇い主が最低賃金にも満たない時給を提示しても、男たちはそんな金額では働かない。男たちが時給一五ドル前後の金額を提示する。その後、互いが了承する金額に交渉していく。男たちにとっては、それも交渉のプロセスとして折り込み済みの事だ。

時給で両者が折り合いをつけた場合に、八割の確率で仕事の交渉は成立する。残り二割というのは、仕事先の場所である。

「場所はどこだ？　近いのか？」

仕事先への移動時間は、時給に含まれない。短時間の仕事であれば、仕事をおえてハースト通りに戻ってきて、もう一つ仕事を得ようと考えている。

「車で一〇分弱だ。」

「よし、わかった。ではいこう。」

時給が決まり、場所が近いことが確認できると、そのまま車に乗り込む。男たちの荷物は必要最低限のもので、つねにリュックサックに入っている。リュックを持っていない男たちもいる。いずれにしても、いかなるタイミングで仕事を得ても、即座に仕事に出かける準備ができている。

なぜ、この場所なのか

バークレー市と隣町のオールバニー市で、男たちが仕事待ちをしているのはこのハースト通りだけである。私が調べた限り他の場所をみつけることはなかった。男たちに聞いても、このハースト通りだけだという。

閑静な住宅街にあるハースト通りに日雇い労働者がどのようにして集まるようになったのか。仕事待ちをしている時間、変化のない目の前の風景をぼんやりと眺めていると、この問いがふと気になった。

「なぜ、この場所?」なのかについて、フェルナンドとルイスに聞いていった。また、二人から得た理由を他の男たちにも伝えて確認をした。この場所に男たちが集まるようになったのは一九九〇年頃のことのようだ。これまでの経緯を辿っていくと、主に次の四つの理由にまとめることができる。

一つ目の理由は、大型の材木店がこの路上に隣接していたことだ。労働者たちは、材木店にやってくる顧客に仕事を持ちかけ、直接交渉をすることが可能である。ハースト通りが寄せ場になった背景には、この場所で仕事を得ることができたということが関係している。

二つ目の理由は、交通アクセスの良さだ。フリーウェイの出入り口にも近く雇い手の中には、サンフランシスコやオークランドヒルズから労働者をピックアップしにやってくる者もいる。

三つ目の理由は、賃金相場の高さが関係している。住民の平均所得も高く、賃金相場が他の場所に比べて高い。それゆえバスや電車を乗り継いで、一時間、なかには二時間近くかけてこの場所にやってくる労働者たちもいる。

四つ目は、雇い主の安全性の高さだ。雇い主の生活水準が高いことで、仕事での賃金トラブルを避けることができる。リッチモンドやオークランドのような犯罪多発地域や貧困地区で仕事待ちをするのに比べて、この閑静な住宅街の一角にある仕事待ち現場では、現場での暴行が少ないということも男たちの間では共有されている。

これらの理由が重なることで、ハースト通りは閑静な住宅街に寄せ場を形成している。

はじめての日雇い

日雇いを始めて、フェルナンドから最初に紹介されたのがルイスだった。ルイスは一八三センチメートルの長身で目鼻立ちも整っている。英語も流暢で、日雇い労働者の仲間から一目置かれている。

「ルイスはメキシコ人じゃない。ヨーロッパ人だ。だから、こんなに背が高くて、色白でモデルみたいな顔をしてやがるんだ。」

というフェルナンドの冗談を交えた言葉も、親友ならではの紹介だ。ルイスはメキシコ生まれでアメリカにやってきた。フェルナンドとルイスは一〇年以上の付き合いがある。

ルイスとは七六年生まれの同級生であることがわかってから意気投合し、一緒に仕事待ちをすることが多くなった。

午後二時ごろに、黒のピックアップトラックが目の前に停車した。三〇歳前後の白人男性が、電動のウィンドウをあけ、こちらの様子をうかがう。

「仕事は何だ?」

「庭と屋根の掃除だ。」

「何人必要だ?」

「二人だな。」

「何時間の仕事?」

「そうだな、二〜三時間だな。」

ルイスの様子をみる。反応は悪くない。白人で状態の良いピックアップトラックに乗っているなら、雇い主としてリスクは少ない。

「わかった、俺たちが行く。時給はいくらだ?」

フェルナンド(左)とルイス(右)

「一人時給一〇ドルだ。」

「ふざけてるのか? 一〇ドルでは仕事はしない。一五ドルはどうだ?」

「馬鹿なことはいうな。高い。」

運転手はハンドルを握る。ギアをドライブに入れたら、この雇い主は走りさってしまう。その瞬間、ルイスが運転席の窓からハンドルを握った。

「わかった、待ってくれ。今日は特別だ。引き受ける。」

と交渉をまとめ、後部座席に乗り込む。

「行き先は、オークランドヒルズだ。」

「フリーウェイに乗るんだな。」

「そうだ。道が空いているといいな。」

会話を交わしながらフリーウェイに乗った。車中は沈黙が続く。その沈黙を破ったのはルイスだ。

「昨日二時間で三〇ドル稼いだぞ。いい仕事だったな。」

現場に向かってハンドルを握る運転手にも聞こえるように、昨日も仕事をしているという事実と、時給一五ドルの仕事であったことを伝えていた。常日頃は時給一五ドルで仕事をしていることを雇い主に念を押すためのアピールなのだ。

懸念された渋滞もなかった。現場に到着した。早速、仕事内容の説明を受ける。庭の枯れ木と落ち葉の清掃を始めた。かき集めてゴミ箱に入れる単純作業である。

仕事をはじめた。ルイスはよく働く。手際よく庭を綺麗にする。労働者としてルイスは極めて優秀だ。私もルイスの足を引っ張るわけにはいかない。自分の持ち場を綺麗にした。自分たちの手で庭がみるみる綺麗になっていく。悪い気はしなかった。変化のみえる仕事は楽しい。

雇い主は我々の仕事ぶりをみて、もっとやってみないかと声をかけてくる。私たちは清掃を続けた。その後、屋根に上り、屋根の清掃を行った。

この清掃作業は一時間半で終わった。庭も屋根も見違えるほどに綺麗に清掃された。移動時間を含めて、雇い主が我々に払ったのは二時間分の二〇ドルで合計四〇ドルと、働きぶりがよかったため一人一〇ドルずつのチップがついた。ルイスと私は一人三〇ドルを手にした。

仕事をおえると、オークランドスタジアム駅から高架鉄道に乗った。ルイスは上機嫌だ。電車の中でもずっと鼻歌を歌っている。午後五時過ぎにハースト通りに二人で戻る。その時間に仕事待ちをしている者はいなかった。

「楽な仕事だったな。今日もラッキーな一日だ。」

「明日は朝八時に、サンパブロ通り沿いのＵ－ＨＡＵＬに集合だ。くるよな？」

「わかった。では、明日。」

第２章　日雇い労働の稼ぎ

日雇いの稼ぎで酒を飲む男たち

朝の仕事

日雇いの朝は早い。ルイスに指定された朝八時にサンパブロ通りのレンタカー会社U-HAULに着くように移動した。U-HAULは、ハースト通りから数ブロックしか離れていない。余裕をもってアパートを出た。八時前には到着した。驚いたことに、ルイスはすでにスタンバイしている。すっきりした顔で、元気そうだ。ルイスは夜一〇時には寝て、朝の五時には起きている。起きてからすでに三時間も経過している。

レンタカー会社のU-HAULは、トラックの貸し出しを行っている。顧客の大半が引っ越しの際に、荷物を積める車両のレンタルに訪れる。引っ越しを目的としているので人手がいる。このレンタカー会社前での顧客への直接交渉は、ハースト通りで雇い主が来るのを待つより、仕事に結びつく確率が高い。

駐車場から出てくるトラックにルイスが早速声をかける。

「手伝うことはないか?」

運転席には白人男性と助手席にアジア系の女性が座っていた。

「ない。自分たちでできる。」

トラックは駐車場を出ていった。ルイスは間髪入れずに次のトラックの運転手に声をかける。目の前の交渉を進めながら、次に出てくるトラックの様子を把握している。二台目のトラックを運転しているのは、四〇歳前後の白人男性だ。

「一緒に行けるぞ。手伝うことはないか?」

「食器棚とソファーを動かしたい。手伝ってくれるか?」

「もちろんだ。何人必要だ?」

「一人でいい。きてくれるか。」

「一五ドルだ。いいな?」

ルイスは交渉をまとめ、助手席に乗り込んで仕事にでかけていった。ルイスが仕事に出かけたので、私はハースト通りへとむかう。

ルイスの運?

ハースト通りで二時間近く仕事を待っていると、U-HAULで引っ越しの手伝いに出かけたルイスが姿をみせた。

「どうだった?」

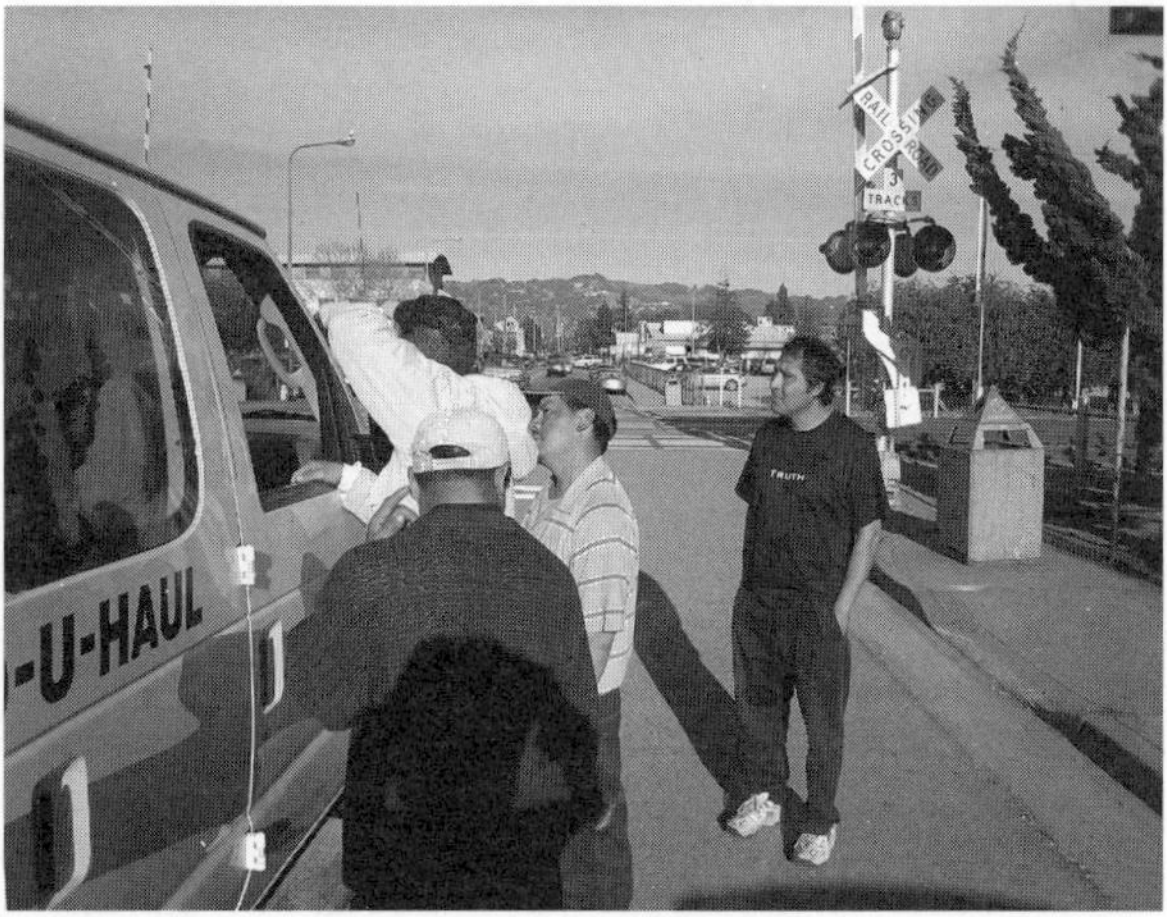

U-HAULのトラックと交渉する男たち

「まあまあだな。楽な仕事さ。」

そんな挨拶を交わしていると、ルイスは五分もかからないうちに次の仕事を得て、車に乗り込んでいった。

「ラッキーマン。ルイスは運がいい」とハースト通りでも噂になるほどだ。けれども、その理解は間違っている。運ではない。ルイスと仕事を一緒に待っていると、そのことを痛感する。

ルイスは日雇いでの稼ぎ方を熟知している。稼ぐために成功確度の高い方法を常に選択している。

ハースト通りで仕事を待つ男たちは、茶系統で色の暗い、作業服のような服装をしている。ルイスは、黄色や赤、白色といった、あえて目立つ色の服を着て、身綺麗にしている。塗装や建設作業の汚れが残っているようなズボンを履いたりしない。

日雇い労働者をピックアップする雇い主は、速度を落として、じろじろと品定めしていくことはできない。他の車と同じ速度で、その流れを壊すことのない範囲で、労働者を選ぶ。黄色は目立つ。綺麗に着飾ることで、ルイスを選ぶ確率があがる。

目立つ色の服装で雇い主の関心をひきつけると、いち早くアイコンタクトをする。

ルイスは、運転手の目の動き一つで労働者を探しているのか、この路地をただ通りすぎている車なのかを判別する。他の男たちより流暢に英語を話すことも仕事の交渉時に有利に働く。賃金交渉や労働条件を細かく交渉してから、車に乗り込む。

一五年間の日雇い

ルイスは日雇い生活を一五年間続けている。プリペイドの携帯電話を所有し、以前に日雇いした雇い主から電話で仕事を得ることもある。必要な仕事に、他の労働者にくらべて効率よく辿り着く。集団のなかで多くの機会に仕事にありつき、他の労働者の平均月収を上回っていた。

がっつかない。彼は仕事を選ぶ。ルイスは、どのような職種なのか、何時間の仕事なのか、場所はどこなのかを即座に確認し、交渉を始める。相手が時給一二ドルを提示すると、相場は一五ドルだと切り返す。相手が納得しないようなら、車に乗り込むことはない。行き当たりばったりに、すぐさま車に乗り込む他の労働者とは違う。

ルイスは交渉に長けていて、仕事を一人占めにすることもできる。だが、ルイスはそのようなことは絶対にしない。仲間の労働機会を奪うようなことはしない。仕事を得ることよりも、仲間のことを大切にしている。

ルイスの交渉スキルの高さは、フェルナンドも認めている。フェルナンドはルイスの仕事ぶりと日雇い労働者としての心構えを教えてくれた。

「ただ何もせずに待っていてはいけない。レンタカー会社の車やそれらしき車が来たら、運転手の目を見て、合図を送る。車のスピードが弱まったら、こっちのものだ。このやりとりが大事だ。仕事を手に入れたければ、コツをおさえて、アグレッシブにやる。やりすぎても駄目だ。でしゃばって、一つの仕事を取ったところで、仲間から自己中心的だと思われたら価値は暴落だ。」

ある時、ルイスとハースト通りで仕事待ちをしていると、一人の男が黒塗りのベンツから降りてきた。目の前の私に見向きもせずに、ルイスに話しかける。溶接をできる労働者を探している。ルイスはできるにもかかわらず断った。

というのも、ルイスはこの雇い主が一時間一〇ドルしか支払わないことと、仕事中にまるで奴隷のようにせかすことを経験していたからだ。「早くやれ、早く」と毎回、命令してくるというのだ。

日雇い労働の境遇はけして満足できるものではない。ルイスは仕事に対する心情を語り始めた。

「ここで仕事を待っている奴らはみな、仕事や賃金に対して不満を持っている。俺たちを雇う奴らは仕事の内容や賃金について騙すこともある。いつものことだ。奴らは、俺らのことをなんとも思ってない。獣のように扱う。仕事を終えて、雇い主が車の座席の上に現金を投げ捨てることもある。なぜだか、わかるか。俺の手も触れたくないってことだ。俺が病気かなにかを患っていると勘ぐっている。同じ人間でこんな扱いが許されるのか？」

口約束の仕事

一台のＵ－ＨＡＵＬのトラックが目の前に停車する。助手席の白人女性は、二五歳から三〇歳ほどで、スペイン語を流暢に話す。運転席の男性は、眼鏡をかけた三〇歳前後の黒人だ。男性は上下黒でまとめてシックにきめている。女性は白のワンピースを着ている。スタイリッシュな二人だ。いつものように仕事の交渉を始めた。すると彼ら二人が、引っ越しの手伝いを求めているわけではないことがわかってくる。彼らは、ロフト付のスタジオの内壁をすべて塗り替えてほしいという。ビッグディールだ。

塗装の経験があるルイスは、丁寧に話を聞いている。この仕事を逃がすわけにはいかない。フェルナンドの車に、ルイスとパポと乗り込み、四人で彼らの自宅へと見積もりに出かけた。パポはグアテマラ出身の四二歳だ。

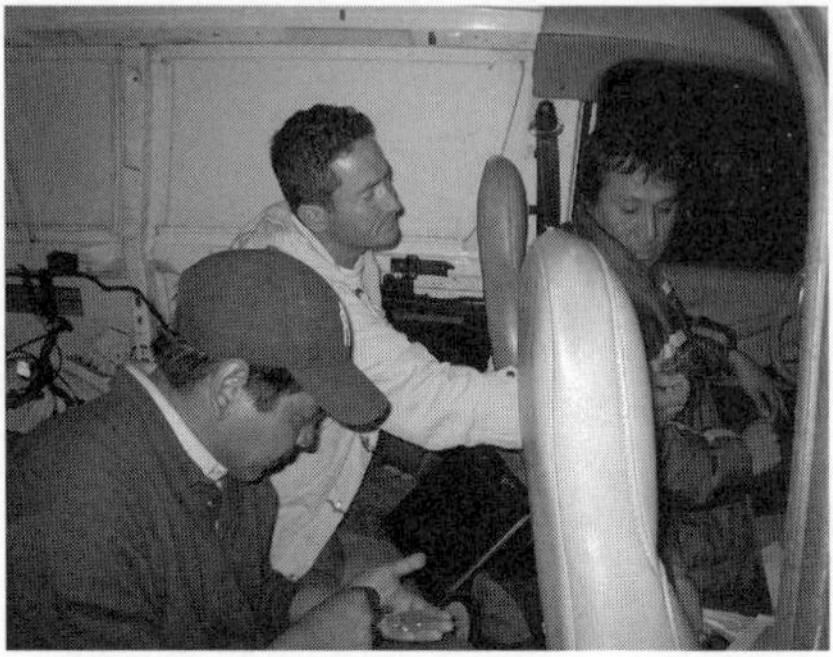

見積りに向かう道程

エミリービルにあるコンドミニアムの一室で、入り口から電話をかけ、鍵を開けてもらう。三〇メートルほどの廊下を渡り、二階に上がり、彼らの部屋に入る。茶系と黒の家具でまとめ、部屋の奥に、フラットテレビが置かれている。誰もが、うらやみ憧れるようなモダンな高級なスタジオである。部屋にはレース犬を二匹飼っている。

ルイスは見積もりを始める。私はまったく経験もないし、相場も知らない。黙って様子を見る。ルイスは女性に、どの壁の色を塗り替えるのかを聞いている。家中の壁の色を塗り替え、バスタブも交換してほしいとのことだ。吹き抜けタイプで、二階に上っていく階段に面した壁は、五メートルほどはある。この家の壁の色を塗り替えることは、大がかりな作業だ。

家の中を何度も見回しルイスは、「この仕事に三日は必要で一七〇〇ドルだ」と二人に伝えた。男性はノートパソコンにその値段と作業日数を打ち込んだ。

女性は「一七〇〇ドルね。思っていたより、高いわね」と返答した。ルイスは、「これだけの壁を塗り替えるのに、二人、もしくは、三人が必要だ。それに時間もかかる。」

彼ら二人は二〜三日考えて、ルイスの携帯に電話をするという。

塗装業者に頼んだ場合に比べたら、時間の融通も利き、割安の値段であることは確かだ。

「この連絡いつくると思う？」

「二日か三日じゃないのかな？　他に見積もりとるなら、もう少しかかるかもな。」

「三日過ぎたら、こっちからかけなおしたほうがいい。なんなら、携帯使ってくれていいよ」

と親切のつもりで言うと、ルイスは声を荒げた。

「それは違う。あいつらに電話をかけたりしないさ。俺らは見積もりに行って、金額を伝えた。仕事をくださいみたいに、こびることはねえ。大事なことだ。プライドがある。それを守らないと、俺の価値を自分で否定してしまう。誰もお前の値段を決めない、てめえで決めるんだよ。一つ一つの交渉のときもそうだ。自分の価値を自ら提示するんだ。」

ルイスは「自分の値段を自分で決めるんだ」という譲らない姿勢を常日頃から貫いている。

一週間後、連絡が来た。エミリービルで提示した一七〇〇ドルというペンキの塗り替えの値段は高額であるということで、九〇〇ドルまで値段を下げられた。

仕事を待ち続けるハースト通りを思い浮かべれば、九〇〇ドルに下がったとしても美味しい仕事であることに違いはない。

「九〇〇ドルでは仕事を受けない」と言ってルイスは仕事をあっさりと断った。

ルイスは確固たる哲学を持って、自分たちを安売りすることなく、生きている。

誰が日雇い労働者になるのか

ハースト通りに出勤時間はない。いつ来てもいい。出勤カードも存在しない。誰が来てもいい。すべての人に開かれている。

だが、空間的には開かれているこの路地は、社会的には厳格に閉じられ分断されている。

アメリカ国民や正規滞在資格を保持する移民が、この路上で仕事を待つことはない。この路地での仕事は、正規の仕事の外部にある。

アメリカにおいて日雇い労働者は、(一)アメリカ国籍を所持するものの正規労働市場から何らかの要因によって排除されている周辺層(marginalized persons)と、(二)労働許可・滞在許可を所持しない不法移民(illegal immigrants)労働者、によって構成される。

アメリカ国籍を持つ周辺層は、労働斡旋業者の仲介のもと、建設現場や清掃業などの日雇い労働に紹介される。

日雇い労働斡旋業者を利用しているのは、「仮釈放者、前科者、元生活保護受給者、野宿生活者、失業者、滞在資格を持つ移民、偽身分証を取得した移民」(Purser 二〇〇六)だとされる。

不法移民労働者の大半は、「ストリート、ストリート・コーナー、駐車場、公共空間の特定場所、日曜大工店」(Valenzuela 二〇〇三)、材木店・レンタカー会社等の店前で、仕事待ちをする。

不法移民の日雇い労働者は、日雇い労働斡旋業者を利用している周辺層と比較しても、不安定な労働形態を強いられる。いわば、「周辺層の周辺層」である。

このように日雇い労働の現場は明確に二つに分化している。斡旋業者が手配する日雇い労働の現場と、路上で仕事待ちをする現場は、アメリカ社会の下層部がさらに二層に分断されたものなのである。

中年男性が日雇い労働を求めて、その日暮らしをしている。支援者がいて、炊き出しや衣服提供のサポートを受けることができる。日本の日雇い労働者の生活環境と重なる部分だ。

次の点は異なる。生活保護を受けることができる日本国内の日雇い労働者に対して、不法移民は国民の生活を最低限に保証する権利も受けることができない。もちろん、我が国の日雇い労働者より、アメリカの不法移民のほうが劣悪であるという確認が重要なのではない。いずれの労働者も、社会の周縁で生を強いられている。

日雇いの稼ぎ

日雇い労働の目的は、(一)母国にいる家族や親族への仕送り、(二)アメリカに移り住んでいる家族の生活費、(三)本人の生活費、を稼ぐことである。

路上での日雇い労働は、現金日払いが暗黙のルールであり、労働者は職種、場所、労働時間を聞いていく中で直接、賃金交渉を行う。スペイン語を話すことのできる雇い主は割合的には少数であり、毎回の交渉を英語でできることが求められる。

ルイス、フェルナンドなど、賃金交渉をするのに十分な英語を話せるものは、事前に仕事の内容と賃金を確認しているので、雇い主と支払をめぐってもめる機会は少ない。英語を話せないアルベルト、ククイなどの交渉のやりとりをみていると、指を使って賃金交渉をして、建築・塗装、掃除、引っ越しなどの職種は身振りで確認して車に乗り込む。

朝六時にはすでに一〇名ほどの労働者がやってきている。運がよくて、一〇名中の一名が仕事を得る。残り九名は、車が立ち止まるのをひたすら待ち続ける。

三四歳のメキシコ人のロペスは、そうした日々について次のように述べる。

「今日もいつもとかわらない。仕事はない。仕事がないのは俺だけじゃない。八時から一六時三〇分まで、仕事をここで待っている。明日、来たって仕事はない。でも、そうするしかない。ここにきて一日中待つ。**仕事を待つことが仕事**だって思う。」

「仕事を待つことが仕事」だと吐露させるほどまでに、この路上で仕事を得ることは容易ではない。

職種は、引っ越しの手伝い、個人宅の庭掃除や屋根掃除、家具の配置換え、建設現場の補助、コンクリート粉砕作業、剪定作業等である。外壁の塗装や配管清掃などの仕事もある。これらの仕事はとくに怪我などがなければ、誰でも問題なく作業に従事できる類のものだ。

賃金の相場は、時給一〇ドルから一五ドルである。しかし、なにせ仕事を得るチャンスが限られている。路上で仕事を待っている時間も労働に換算すると、実質的な時給は、一・二ドル前後になった。日雇い労働者の平均収入は、月三万円前後である。

それでもなぜ、男たちは路上で仕事を待ち続けるのか。自国の経済状況、慢性的な仕事不足、アメリカで唯一残された労働への手段であることもその原因として挙げられるが、仕事待ち時間に語られる成功例がそれを支えている要因のひとつである。

ルイスの弟のクワンは、五時間仕事を待ち続けた。その間、一台も目の前に車が停まることはなかった。そこで場所をかえU－HAULで仕事待ちをした。すると年配の白人の男性から仕事を得た。ソファーやテーブルなどの大型家具を移動させて、部屋の配置換えの手伝いをした。一時間もせずに、仕事を終える。その作業対価として雇い主はクワンに、八〇ドルを渡したというのだ。

裕福な雇い主にしてみれば、若い男性を少しでも助けてやりたいと考えたのか、クワンの人柄に惹かれたのかは確かではない。クワンにしてみれば、思ってもいない収入となった。

クワンは、仕事待ちをする仲間を鼓舞するように、こんな高時給の仕事を得ることだってあるんだという話をする。

このような類の「一時間で七〇ドルを得た」話や、「一日で一五〇ドルを得て、三日で五〇〇ドル近く稼いだ」話が繰り返し語られる。

逆に、昨日は何時間路上で仕事待ちをしていたのか、「六時間待ってようやく一時間荷物運びの手伝いをして一〇ドルを得た」というような話は聞かない。車に乗り込み、途中で降りてくることもある。賃金交渉や仕事の条件がまとまらないからだ。そうした話は仲間内で披露されない。

成功の経験談は、目利きの良さを仲間に認識させる効果を持つ。雇い主と直接交渉をして、車に乗り込み契約を受け入れたのは、本人の判断によるもので、そこでの目利きがこの世界では労働者のセンスとして認識される。それは同時に、集団内部での威厳にも関わってくる。仕事のミスマッチや失敗談の共有は、センスの悪い労働者としてのレッテルを自ら流布することにもなりかねるのだ。

ラモンとの仕事待ち

メキシコの農村部出身で六三歳のラモンは、毎朝、九時前にハースト通りに姿をみせる。ラモンはハースト通りと高速鉄道アムトラックの踏み切り近くの路肩に座り込んで仕事を待つ。というのも、一〇年前の建設現場での大怪我が影響している。ラモンの足首は長時間立っていると腫れあがり、痛みがでる。重労働もできない。

仕事を待ち続けるラモン

ラモンはじっと仕事を待っている。他の労働者と馬鹿な話で盛り上がるようなこともない。ラモンの横を電車が通り過ぎるたびに、耳を突き刺すような警告音を車掌が鳴らしながら通過していく。

昼過ぎにやってきたフェルナンドとルイスが、「今日もスローだな。仕事はないな」と言ってビールを飲み始める。その様子をみていたラモンは何も言わずに、反対側の路肩へと移り仕事を待ち始めた。ラモンの仕事を待ち続ける真面目な姿勢には頭がさがる。

次の日ラモンは八時に姿をみせた。ラモンと一緒に仕事を待ち続けたが、夕方の五時になっても仕事はなかった。

「二ドル貸してくれ？　ビールを買いたいんだ。金は返す。」

帰り際のラモンに二ドルを渡した。それまでにも五回、ラモンにビール代金をせがまれた。小銭を貸してくれる、いいカモだと思われているのだろう。貸した金が返ってきたことは一度もない。

金額が大きいのであれば、お金を貸す行為は望ましくない。ハースト通りで一緒に仕事を待つ仲で、金を貸す者と借りる者との関係性ができるのは避けるべきだろう。

ただ、帰り際にビールを一カン飲みたいというラモンの気持ちは痛いほどよくわかった。仕事を待ち続けるラモンの姿勢から学んだことも多くあった。

あなたなら、断れるだろうか。私にとっては、ごく自然な行為だった。

その翌日は、いつも通りに朝から仕事を待ち続け、午後三時から引っ越しの手伝いで働いた。ラモンは一日平均八時間仕事待ちをしている。そのうち、仕事にありついたのは、荷物の積み下ろしの手伝い、一〇分で一〇ドル。引っ越しの手伝いで二時間二五ドル。引っ越しの手伝いで六〇ドル。ラモンの一週間の収入は九五ドルだった。

その週、ラモンは毎日ハースト通りにきていた。朝九時から夕方の五時までの八時間×七日間の収入が九五ドルだ。時給に換算すると、一・六九ドルである。

仕事をしているときの時給は、一二ドルから一五ドルであったとしても、仕事待ちをしている時間を勘案すると、カリフォルニア州の平均賃金を大きく下回る安価な時給で働いていることがわかる。

こんな状況であれ、ラモンは「八時間建設現場で働いて、一〇ドルしか稼げないメキシコよりはましだ」と話す。

寡黙なバルバス

「そろそろ移動するか」というフェルナンドの一声で、一〇時過ぎにハースト通りに向かった。

それから二時間が経過し、一二時半を回った時のことである。水色のセダンが停車し、フェルナンドと私を指名した。雇い主は、白人の老夫婦だった。

二人の雰囲気から悪い雇い主ではないと判断したフェルナンドは即決し、車に乗り込んだ。車中で時給交渉が始まった。一見、時給を高く支払ってくれそうな裕福な雰囲気の老夫婦が示した時給が八ドルで、「それ以上は払えない」の一点張りだった。

「その時給だと、俺らを雇うことはできない。残念だな。」

とフェルナンドは老夫婦に伝えて、「仕事場に戻るぞ」と声をかけてきた。数ブロック進んだところで車を降りた。フェルナンドは仕事を断るときの口調も丁寧で、礼儀正しい。人柄の良さが滲み出ている。

路上で仕事を待つ行為は、まるで魚釣りだ。あたりがある日は、車が目の前に停まる。ハースト通りで仕事を引き続き待っていると、一三時二〇分に、中華系で五〇歳くらいの女性が運転する車が目の前に停まった。すぐさま交渉に入る。

「仕事は何だ？　何人必要だ？」

「ガーデニングの仕事よ。一人でいいわ。車で一〇分もかからないわ。」

車に乗っているのは、この女性一人だ。

女性一人が雇い主である場合には、仕事先で暴行の被害にあうというリスクはほぼ回避できる。安全な仕事だ。

「時給はいくらだ？」

「そうね。時給一四ドルで三時間お願いしたい。」

条件も悪くない。このやりとりを横で一緒に聞いていたフェルナンドが、「バルバス。この仕事行ってくれないか」と頼んだ。

フェルナンドにとっても、条件の良い仕事であったことには違いない。けれども、フェルナンドは朝から一緒に仕事を待っていたバルバスに仕事を譲った。

バルバスは快く引き受け、車に乗り仕事に出かけていった。

「バルバスに仕事を譲ってもよかったのか？」

「条件のいい仕事は、一緒にいる仲間に譲ることもする。俺たちは一人一人で仕事を待っているけど、仲間で仕事をしている。バルバスが仕事に行って、ハッピーになれば、俺はそれが嬉しい。」

自分だけを優先して目の前のことに飛びつかない。フェルナンドは仲間への思いやりがある。フェルナンドと一緒にいると、大きくゆったりとした時間の流れを感じることがある。自分が仕事をとりたいという焦りを抱くことが、その時点ですでに今の社会を構成している資本主義のメカニズムに従属する行為であり、自らの中にそのような生き方を再生産していくことになる。

フェルナンドは、それがいかにあさましいことであるかを教えてくれるのだ。仕事の価値は、時給で判断するようなものではないのかもしれない。ハースト通りでどっしりと佇むフェルナンドをみていると、そんなことも感じる。

バルバスが仕事に行ってから三〇分も経たないうちに、ピックアップトラックが停車した。運転席に座るサングラスをかけた白人男性の上腕の太さに思わず目がいった。

「六人だ。動けそうな奴。六人来てくれ。」

六人同時にという機会は滅多にない。その時間帯に三〇名ほどが仕事待ちをしていた。フェルナンドがすぐに声をかけ始め、メンバーが決まった。値段交渉もせずに、六人がピックアップトラックの荷台に乗っていった。

「値段交渉もしていないけどいいのか？」

「六人も連れていく。悪いことは絶対にされない。いくらガタイのいい男だとしても、相手は一人だ。現場に行けば、他の従業員や日雇い労働者もいるだろう。でかい仕事なんだ。賃金が安すぎるということはない。」

私とフェルナンドはハースト通りに残った。しばらくすると、バルバスが戻ってきた。

「仕事どうだった？　稼ぎは良かった？」

と話しかけてみる。

バルバスは
「まあな。」

とだけ返答をする。

それ以上も聞き込むのは悪い気がして、私は黙っていた。

このやりとりを聞いていたパポが
「気にすることねえぜ、途中で車を降ろされたのはバルバスが悪いわけじゃない。」

と言って、会話に入ってくる。

フェルナンドが気を遣ってバルバスに仕事を譲ってくれた。賃金交渉で揉めたのか、車内での会話で何かしら揉めたのか。車内でのやりとりで、英語の話せないバルバスを雇うことを雇い主は不安に感じたのかもしれない。その真相はわからない。運悪く、仕事にむすびつかなかった。

バルバスは表情一つ変えない。バルバスは長いこと、笑っていない。仕事をしていないので、稼ぎもない。車を降ろされたノースバークレーからリッチモンドまで二時間かけて歩いて戻ったという。

「雇い主に、一切の文句も言えない。いいか、雇い主を怒らせたら、すぐに警察に通報して、俺たちのことを悪くいうだろう。ハースト通り沿いの民家の軒先を壊していると通報する。そしたら、それがすべて事実になるんだ。俺たちの声は届くことはない。警察が駆けつけたら、刑務所行きさ。」

バルバスは車を降ろされた理由を自ら話し出すようなことはない。

フェルナンドから譲りうけた仕事であるとしても、バルバスは自分の判断で、車に乗り込み、仕事に出かけた。その結果、上手くいかなかった。上手くいかなかった事情を話すことは、労働者としての目利きの悪さを、言いふらすようなものであるからだ。

不法移民であるという社会的な弱みを抱える中で、自らの目で仕事をとっていかなければならない。

「雇い主を見極めろ」

カリフォルニアの小春日和の中、気分良く自転車をこぐ。アルマンドが仕事待ちをしている。メキシコの農村部出身のアルマンドは、身長は一六〇センチメートルほどだ。前歯が二本とも抜けている。仕事待ちをしているときも何かと笑いを誘うムードメーカーだ。片言の英語でスペイン語を教えようとしてくれる気の優しい中年男性でもある。

アルマンドは、バスを乗り継ぎ、一時間半かけてここまでやってくる。九時前にはやってきて、すでに、三時間仕事を待っている。それから二人で二時間ほど、会話を交わしながら、仕事を待つ。

昨日も六時間仕事を待ち続けていた。そんなアルマンドがようやく仕事を得た。

アルマンドは二〇代の黒人二人組の車に乗り込んだ。向かった先はオークランドだ。オークランドの建設現場に連れて行かれ、コンクリートの粉砕作業を頼まれた。廃材となったコンクリートを小さくして、運搬しやすくするための作業だった。作業中の一時間ほど、その二人の黒人は車で現場を離れる。戻ってくると、

「まだ、これだけしかできていないのか。それでも、人間か。使えない獣だな。」

と暴言を浴びせる。

作業中も繰り返し浴びせられる暴言を無視して、粉砕作業を続けていると一人の男が、アルマンドの両膝を後ろからいきなり蹴った。崩れるように倒れ込んだアルマンドにもう一人の男が馬乗りになり、顔を殴り続けた。

そのまま、アルマンドを現場に放置して、賃金も払わず、二人の男はいなくなった。

顔を真っ赤に腫らし、痣をつくったアルマンドが翌日、ハースト通りにやってきた。この話を聞いていたフェルナンドは、「災難だったな。でも、俺たちは何もできない。復讐する権利もない身分なんだ。俺たちは、心臓は動いているけど、死んでいるのさ」と諭すように呟いた。

いつも明るいアルマンドが、この時ばかりは下を向き、なかなか顔をあげようとはしない。とんでもない仕打ちに対しても怒りを露わにすることができない自分への苛立ちと、それでも仕事を続けなければならない現実に何もできずにいる。

車に乗る際に注意することは、運転手の人種、車種から、どの程度の支払いが可能な雇い主

であるかを見極めることだ。フェルナンドからいつも黒人の二人組には気を付けろと聞かされていた。二人組の彼らは雇う気もないし、仕事をさせたとしても賃金を払う気は毛頭ないのだ。

リノと筆者

偽造IDで働くリノ

ハースト通りで仕事待ちをしていると一〇時前にニカラグア出身のリノがやってきた。リノは英語を話す。

リノは、ニューヨークで二年間生活をして、その後ベイエリアに移り住み、七年間生活している。

住まいは、サンフランシスコのダウンタウンで、友人とシェアして、三五〇ドルの家賃を支払っている。話を聞いている限り、それなりの物件に住めているようだ。

挨拶を交わすとリノが、

「IDはいるか？　必要になったら、いつでも俺に言ってくれ。腕のいい友人がサンフランシスコでIDをつくってくれるからな。今までそれがフェイク（偽物）だとばれたことはないぜ。」

と偽造ＩＤ作成の話をもちかけてくる。二八〇ドルあれば、偽造ＩＤが手に入るということだ。偽造ＩＤは作成者も利用者もみつかれば罪となる。だが、偽造ＩＤがあれば日雇い労働斡旋所で身分証として提示できる。仕事で稼ぎたいリノにとってＩＤは欠かせない。

その偽造ＩＤを使って、リノはサンフランシスコの日雇い労働斡旋所に毎朝、七時に行く。七時に登録を済ませ、連絡を待つ。九時までいて、連絡が入らないか、納得のいく賃金がもらえる仕事がなければ、ハースト通りに移動してくる。

リノは日雇いをするのは週に五日と決めている。順調に仕事に行き着いて、五日間連続して働くことができたら、二日間、休みをとる。「そうでないと、なんのために生きているのか、自分の尊厳がなくなってしまうと感じるからだ」という。

ハースト通りで三時まで仕事を待って、仕事がないようなら、サンフランシスコに戻っていく。結局、彼は、七時にエージェンシーのところに行き、バークレーに移動してきて、三時まで仕事を待った。仕事にはありつけなかった。リノはその結果を受け入れている。

「今日は仕事がなかったが、明日は仕事する。明日はいいことがありそうだ。そんな気がするんだ。」

一日の成果をどう受け止めるのか。明日はきっとうまくいく。そんなポジティブな考え方をするリノは、明日も早起きをして仕事場に向かう。

黒人の雇い主

朝九時にはハースト通りにきて、仕事を待った。仕事はいつ始まるかわからない。どのような仕事内容であるかもわからない。いつでもいけるようにスタンバイしておく。

三時間が過ぎ、昼食を買いに出かけるものや公園に昼寝をしにいく者がいて、一人で仕事待ちをしていた。

目の前に白色のピックアップトラックが停車した。車に乗っているのは、運転席にいる三〇歳前後の黒人男性一人だ。

「お前、いけるか?」

「ああ、いけるよ。何人必要だ?」

「一人でいい。簡単な仕事さ。」

「場所は近いのか?」

「そうだな、車で三〇分だな。」

「時給はいくらだ？」

「一〇ドルでどうだ。」

「わかった、いくよ。」

と答えながら、車の状態を確認した。整備されていない車に乗り込めば、パンクやブレーキ状態など、諸々のリスクが高くなる。車の状態は悪くない。大丈夫だ。車の助手席に乗り込んだ。

一人で日雇いに行くのは初めてのことだった。運転席でハンドルを握る黒人男性について知っていることは何一つない。情報がないなら、集めるしかない。身体は不自然に動かさないようにしながら、目の動きで車内の観察をする。

車内も綺麗だ。車内はラジオからヒップホップ音楽が流れている。運転も荒くはない。安全運転というほどでもないが、雑でもない。車はフリーウェイにのり、北上した。行き先はリッチモンドだ。

リッチモンドは犯罪多発地区として名高い。午後一時を過ぎたばかりなので、仕事を二〜三時間したとしても、明るいうちに戻ってこられる。

安心できるものを車内で見つけた。同じ名前の名刺が一〇枚ほどは確認できた。同じ名前の名刺があることは、おそらくこの名刺は運転手のもので、それは同時にこの運転手が正規に仕事をしていることの証明でもある。

「名前はなんだ？　俺はドミニクだ。」

「ケンだ。よろしく。」

「韓国人か？　中国人か？」

「日本人だ。」

「日本人だと？　日雇いをする日本人は初めてだな。驚いたな。今日はよろしくな。簡単な仕事さ。」

信号待ちで手渡された名刺にもドミニクという名前が書かれていた。

リッチモンドの現場に着いて、車を停める。ドミニクは手際よく車の荷台に上った。

「これを車から降ろすのを手伝ってくれ。降ろしたら、あの民家まで運ぶんだ。」

車の荷台に乗っていたのは、中型の機械であった。二人で持っても、ずっしりとした重さを感じた。

その機械を民家の脇まで運んだ。

「ここで待ってろ。」

といって、ドミニクは民家に入っていった。二分も経たないうちに、ドミニクが戻ってきて、民家の脇にある排水溝の蓋を開けた。ドミニクが言う通り、楽な仕事だとこのときは思っていた。

ドミニクは馴れた手つきで作業を始める。排水溝に、先ほど運んできた機械の先端を差し込み、モーターをまわした。ドミニクからは何の指示もなかった。私は隣でその様子をみていた。初めてのことで何をしているのかは把握できなかった。排水溝であることやモーター音からして、この先端のノズルのようなものが排水溝の中を進んでいるようだ。

一五分ほどが経過し、

「よし、できたぞ。さあ仕事だ、頼んだぞ。」

ドミニクが声をかけてきた。

「わかった、何をしたらいい？」

「簡単さ、ここに取っ手があるだろ。それを手前にまわして、このホースを引き戻してくれ。」

そういうと、ドミニクは車のほうに行ってしまった。ドミニクはピックアップトラックの荷台にのり、煙草を吸いだした。

ドミニクは筋肉隆々だ。ボクサーにしては大きすぎるので、バスケットボールか、アメリカンフットボールでもやっていたのだろうか。ピックアップトラックの荷台で浴びるカリフォルニアの太陽が良く似合う。

忘れられない臭い

誰にでもできる簡単な仕事だった。ドミニクの言う通りだ。取っ手を回すだけだ。とはいえ、この取っ手が重くて簡単にまわらないのだ。重労働だ。

金属製のチェーンのような作りのノズルが排水溝を掃除していく。排水溝の詰まりを除去していく。モーターを回していたので、排水溝の中を進んでいく際には、電動だった。

なぜか、そのホースを自動で巻き戻すことができずに、そこに人手が必要だったのだ。全身から汗が吹き出し、両腕がパンパンになり攣りそうだ。日雇いに来るときにきていた黒のパーカーは、ヘドロまみれになった。

二〇分ぐらいはかかった。その間、ドミニクは一度も車から降りてこない。日光浴をしている。

なんで、こんな臭い思いをしなきゃならないんだ。作業の前半は、そう感じていた。次第にそんな余裕もなくなってきた。無我夢中でホースを巻き戻した。ようやくノズルの先端がみえた。

ノズルには、排水溝のヘドロがどっぺりと巻き付いている。

「ドミニク、終わったよ。すべて巻き戻した。」

「じゃ、その機械を持ってきて、荷台に乗せてくれ。」

とドミニクは言葉を返してきた。

車から降ろすときには、二人で持った重量のある機械を一人で運んで来いという指示だ。作業を終えた機械は、ヘドロがのっぺりとついたままで、悪臭を放っている。

屈辱だった。指示に従うしかない。雇い主はドミニクだ。必死な思いで、機械を荷台まで運び、荷台に乗せた。それをみたドミニクは、「パーカーを脱いで車に乗れ」とだけ言った。

何か言い返して、ドミニクを怒らせるわけにはいかない。犯罪地区として知られるこのリッチモンドで、置き去りにされるのは御免だ。

パーカーを脱ぎ、荷台に投げた。匂いが車内につかないように気をつかった。助手席に乗りこんだ。「よし、仕事は終わりだ。帰るぞ」と言って、ドミニクは運転席の窓を全開にした。

車内では差し障りのない会話を二言三言交わした。ハースト通りに戻ってきて、ドミニクは車を停めた。

「よくやったな。」

と言って、紙幣を二つ折りにして渡してきた。ハースト通りに戻ってきた安堵感もあり、それが幾らであるのかという確認は車内ではしなかった。

車を降りると、ドミニクは帰っていった。時刻は午後三時半を過ぎていた。時給一〇ドルという約束で排水溝の清掃作業を手伝った。手にしたのは二四ドルだった。清掃作業は、一時間もかからなかった。ドミニクにしてみれば、時給以上の支払いをしたことになる。

ヘドロの悪臭が毛穴から体内に入り込んでくる。へばりついて、とれそうにもない。このときほど紙幣の重みを感じたことはない。

第3章　切り離される家族

通りにたおれるルイスの弟

死と隣り合わせ

「トラックの荷台に隠れて国境をくぐってきた。スリリングだったた。見つかれば、そこで終わりだ。」

メキシコ出身で三八歳のアレハンドロは、自身の入国の経験を興奮気味に語る。アレハンドロには五歳の息子と三歳の娘がいる。メキシコでの稼ぎでは家族を養うことが難しく、アメリカ行きを決意した。アレハンドロの話を聞いているとフェルナンドが付け加えた。

「俺たちは飛行機には乗らない。なぜだか、わかるか？　そんな大金がないからだ。わかるだろ。それにパスポートも持ってない。だから、どんな手段であれ、自分たちの足でアメリカに入国するしかない。あとなあ、高いところが苦手なんだ。」

フェルナンドはその場を和ますのが得意だ。高いところが苦手だから飛行機に乗れないというのは、その前の二つの決定的な理由のせいで深刻になりそうな雰囲気をかえるブラウン・ジョークだ。茶色の肌をした自分たちの冗談をブラウン・ジョークと呼んでいる。

この気のきいたジョークを笑い飛ばすことはできない。徒歩で国境を越えるのは、何かと危ない。国境を越えてからも炎天下の砂漠地帯での脱水症状などの危険がある。

国境付近は、密輸入業者、麻薬販売組織などの活動拠点でもあり、炎天下での身体的なリスクだけでなく犯罪者集団に何らかの形で巻き込まれるリスクもある。

一九九三年以降、アメリカとメキシコとの国境で三八〇〇名が死亡しているとされ、そのうちの一〇〇〇名近くが、身元確認ができずに、墓標のない墓に埋葬されている(International Press Syndicate Japan)。

国境近くの砂漠で、腐食動物に無残なまでに食いちぎられる死体を目にすることも少なくない。

「夜中に国境をスコップで掘ってくぐってきた。壁の下に穴をつくる。国境を越えるのは簡単だ。その先は死ぬかと思ったさ。真っ暗闇の砂漠を夜通し歩いたからな。そんなことはわかっていて乗り越える。でもいいか。一度アメリカまで来てしまえば、死ぬことはない。仕事も食べることもなんとかなるのさ」とパポが話す。

これほどのリスクを冒してまでアメリカに不法に入国するのは、この壁を乗り越えることが、この壁を跨ぐ二国間の経済格差や賃金格差をいとも簡単に飛び越える究極の手段であるからだ。

メキシコの最低賃金は、全国最低賃金委員会(CONASAMI: El Consejo de Representantes de la Comisión Nacional de los Salarios Mínimos)によって決定され、二〇一六年の最低賃金は、前年比

四・二%アップの日給七三・〇四メキシコペソ(MXN)である。日本円にして約四三〇円である。マークラインズ株式会社がとりまとめた製造業一般工職の平均賃金は、最低賃金には含まれない各種の手当てを含めて、月に二六〇ドルから三六〇ドル(約二万九〇〇〇円から四万円)とされている。

それに対して、カリフォルニア州議会が定める州の最低賃金は、二〇二〇年までに時給一五ドル(約一六八〇円)へと引き上げられていく。二〇一六年には時給一〇ドルが最低賃金として定められている。メキシコとアメリカには、決定的な経済格差がある。

南米の国々の労働者が命を懸けてまでアメリカ国境を越えてくる背景には、自分たちの力では何ともすることのできない両国間の経済格差がある。

コヨーテへの資金源

「コヨーテに三五〇〇ドル払って、入国してきた。」

と、リカルドは話す。コヨーテとは密入国を手助けする案内人だ。コヨーテ以外にも、密入国を斡旋する業者は、ポジェロやパテロと呼ばれ、契約をめぐる問題も絶えない。リカルドのケースは稀ではない。

母国で用意する三五〇〇ドル（約四〇万円）は、そう簡単に稼ぐことはできない大金だ。メキシコの平均月収は五万円弱といわれ、実に八カ月分に相当する。

「そんな大金をどうやって準備したんだ。」

「メキシコで麻薬を売っていた。短期間でまとまった金を稼ぐには、それしか方法はない。ドラッグディーラーを続けることはできない。他のギャングと抗争になって命を落とすからな。何をしたって、何があっても、生きねえと意味がない。」

リカルドはアメリカに入国してから麻薬取引は一切していない。ハースト通りに来て真面目に仕事を待っている。明るい性格で、一緒に仕事を待つ仲間と会話を楽しむ。その屈託のない笑顔からは、麻薬取引に従事する姿は想像できない。人柄の良さと人の行動は、環境要因によって大きな溝を抱えることもある。リカルドは悪い奴じゃない。

トランプ政権による国境警備の強化が、壁の下をスコップで掘って越えてくる移民たちをどこまで規制できるのか。その結果は、しばらく時間をかけて様子を見ていかなければわからない。しかし、壁を越えてくる当事者の声に耳を傾けるならば、膨大な金額をかけ建設される巨大な壁では、不法入国を完全に阻止することはできないと考えるのが無難だろう。

「いくらでも抜け道がある。国境を越えることは、そんなに難しいことじゃない。俺たちにとっては壁を越えてから、どうやって毎日を生き抜いていくのか、そのほうが、問題なのさ。」

出稼ぎの夢と現実

ハースト通りで仕事を待つ日雇い労働者の月収は、十分ではない。運よく週に一度、仕事に辿りつけたとしても、その収入の大部分は、家賃に充てられる。家族に仕送りをするために、友人たちと部屋をシェアするのをやめ、高架下で野宿生活を始める。

橋の下で同じ境遇の仲間と労働と生活の境界のない集団生活を送る。そこでは、日雇いで得たわずかばかりの収入で、アルコールやドラッグを購入する者や、家族との連絡を絶つ者も出てくる。

夜間の奇襲から身を守るために橋の下で隠れるように共同生活をしているものの、本来の目的であった家族への経済的サポートにはつながっていかない。

そうした境遇に諦めただ過ごす者もいれば、なんとか逃れ、生活の基盤を確立しようともがく者もいる。寝食を共にしていくなかで、国境を越え社会的に追いやられた彼らの生を紡いでいくコミュニティが形成される。

そのコミュニティに身を置いている間に感じたことは、彼らの他人を思いやる優しさだ。目の前にピックアップトラックが停車し、仕事を手にすることができるのに、その仕事を仲間に譲る。ようやく仕事で手にした稼ぎから、仲間たちにビールをふるまう。仲間が黒人の若者たちに奇襲され、怪我を負ったら、その痛みを一緒に分かち合い、涙を流し悔しがる。

そんな姿をみて、彼らを不法移民だとひとくくりにして、犯罪者化するのには大きな違和を抱くようになった。彼らの正規滞在資格を持たないという状態が、法を逸脱していることは間違いないが、彼らの日々の行動は一般社会の数多の人びとが到底理解できないということはない。

だからといって、彼らはコミュニティを創り日々を逞しく生き延びている、と楽観視できない現状がある。それは、もともと彼らが国境を越えてまでアメリカに移動してきた理由を振り返ることでみえてくる。

移住の目的は、アメリカで稼いで、母国に住む家族に仕送りをすることであった。国境を越え、日雇い労働を始めるころは、稼ぎの一部を母国にいる家族に仕送りする。しかし、路上での仕事待ちは定期的で安定した収入とはかけ離れたものである。不定期で不安定な収入を原資に、毎月定期的に仕送りすることは誰にとっても困難なことだ。

定期の仕送り日が次第に守れなくなっていく。その頃には、出稼ぎ移民のコミュニティに身を置き、日々の生活を互いに扶助しながら過ごすようになる。

仕送りにあてていた稼ぎが、日雇い仲間との食費やアルコールに消えていく。母国の家族は、一家の主の稼ぎを信じてアメリカ行きで夢を見たものの、その現実は夢を見る前よりも深刻な日常を強いていく。

携帯電話を持たず、住所も不定である一家の主に、母国の家族から連絡を入れることはできない。仕送りができていない後ろめたさから、彼らから家族に連絡を入れるようなこともない。

「仕送りできない父親が、どんなツラして、家族に会えるのさ。」

アメリカに家族で移住し、その後身柄を拘束され、強制送還された男が家族を思い偲ぶ。家族との絆は薄れていく。

フェルナンドの暮らし

「この国は好きじゃないが、ハースト通りは嫌いじゃない。金を稼ぐために来た。昔は悪いことでも何でも手を出した。失うものはなかった。どうなってもよかった。窃盗、ドラッグ、ギャングにもかかわった。それで二年間、刑務所に入った。」

フェルナンドは、幼いときに、父親と母親を亡くし、叔父と伯母に育てられた。高校には通わず、建設現場で働いてきた。フェルナンドの生活環境は改善していく糸口すらみえずにいた。

そんな時に決意したのがアメリカ行きである。一七歳の時のことである。フェルナンドは溶接ができ、一時期は溶接で収入を得ていた。メキシコ出身の他の労働者三人と一緒に、オークランドのアパートで月四〇〇ドルの賃料で生活していた。フェルナンドの仕事は、溶接、塗装、建設と多岐にわたる。離職しては期間を経て再就職する。

それから二六年が経過し四三歳になった。

「年齢を重ねるにつれて、人間は落ち着く。こいつらと一緒さ。」

精神的に成熟している。フェルナンドの人柄の良さはその落ち着きからきている。だが、フェルナンドの生活は以前よりも厳しいものになっている。稼ぎが不安定でアパートの賃料を支払うことができずに、車中での生活を始めた。現在は、二〇万円で購入したバンタイプの車中で暮らしている。車中で暮らすことで家賃は支払わなくてすむ。

家賃を支払わなくてもいいものの、中古フォードの維持費がかさむ。フロントガラスの交換に三〇〇ドルを支払い、エンジンランプの修理に八〇ドルを支払った。まだ、エンジンランプは消えない。夜間公園の駐車場で寝ていると、警察がやってきて、寝ている時にも、運転席の窓を叩かれ起こされる。住所不定で無職のフェルナンドへの職務質問は形式的なものである。

フェルナンドの車の中．後ろの自転車は筆者のもの

フェルナンドは、五時には起床する。九時からハースト通りで仕事待ちをして、夕方になると、ビールを飲み、タコスを食べて過ごす。

年間六〇〇ドルを払い、スポーツクラブのメンバーになっている。週に二日から三日はスポーツクラブにシャワーを浴びに行き昼寝をしたりして、五時間ほど過ごす。サウナやスパで身体の疲れを癒している。夜は、高架下の空き地に車を停め、睡眠をとる。

フェルナンドはオールバニーのコミュニティセンターで英語のクラスとコンピューターのクラスに通っている。オークランドの駐車場で寝泊りをするフェルナンドが、オークランドのコミュニティセンターに通うのではなく、オールバニーに通うのは、そこには、これまで家族のように慕ってきた友人たちがいるからであり、木曜と金曜には午後四時からいきつけのタコス店に通うことができるからである。

日常会話を問題なく英語で話すフェルナンドは、ライティングと文法は苦労している。コンピューターの入門クラスでは、文章入力と基本操作を学んでいる。新聞広告で仕事を探し、要件を満たす職場に履歴書を送り続けている。

フェルナンドは、アメリカに移ってきた当時から現在までの暮らしの変化について次のように振り返る。

「国境を越える前、アメリカにはチャンスがあって、仕事をみつけて、家族をサポートできるようになるって思っていた。でも、いま、俺はホームレスだ。酒だって、毎日、浴びるように飲んでいる。仕事も見つけられない。いったい、俺はここで何をやっているのか。この先、チャンスがあるとも思えない。」

定期的な仕送りを待つ家族への経済的サポートを継続していくことは、不定期かつ低賃金の日雇い労働の収入ではきわめて困難なことである。フェルナンドは、家族に仕送りをできない苛立ちや情けなさから、家族と連絡を絶った。

バルバスの生き様

バルバスは、リッチモンドでルームシェアをしている。バルバスは仲間と仕事待ちをしている時も、積極的に会話をするタイプではない。仕事に対する姿勢も真面目で毎日ハースト通りにやってくる。

隣町のリッチモンドに住んでいると聞いたその時から、バルバスは路線バスを利用してこの現場に来ていると勝手に思っていた。

それは間違っていた。バルバスはバスに乗らない。滞在先から片道一時間三〇分かけて歩いてこの路上まで来ていた。体調を崩し発熱していても、頭痛持ちで痛みがある時にも現場に来た。

「家にいたくない。風邪なんかで寝込んでいたら、むなしいだろ。ここにいると、仲間もいるし、気がまぎれる。」

金曜の昼食サービスには間に合わず直接ハースト通りに行く。そこにバルバスとルイスがいる。二人とも、昼食がおいしくなかったと嘆いている。バルバスは悪く言わない。

バルバスはメキシコ人に雇われて三時間で六〇ドルを手にした。コンクリートの破片を工事用の手押し車に乗せて、坂を下るという作業だった。荷台にコンクリートの破片を乗せるとかなりの重量になり、バルバスは坂道でバランスを崩し、腰を強く打った。それでもバルバスは仕事を休まない。痛めた腰で、家具を移動させる引っ越しの仕事は避けていた。その間、仲間の男たちは腰を痛めたバルバスでもできそうな仕事を譲るようにしていた。

バルバスはお酒を飲むと陽気になる。

「人生はな、ポジティブに生きなきゃならないんだ。ポジティブにだ」と話しかけてくる。それは、私への声かけであるとともに、バルバスが自分自身に言い聞かせているようにも思えた。

アンドレスとトレスパティィネス

アンドレスは一七歳だ。ハースト通りに来ていた労働者の中で、アンドレスが最年少だ。アンドレスとはセントポール教会の食事で偶然、向かい合わせのテーブルになった。それから顔を合わすと話すようになった。

「両親はメキシコにいるの？」

「いや、父さんはアメリカにいる。」

「アメリカで何をしているの？」

「知らないのか？　俺の親父はトレスパティィネスだよ。」

このハースト通りで日雇いを待っている、四〇歳前後のトレスパティィネスの息子だったのだ。以前にもセントポール教会の昼食で話をしたことはあるが、トレスパティィネスの息子だとは知らなかった。

仕事を得ることがあまりに難しいこの路上で、親子で仕事を待ち続けている。ルイスの兄弟やグアテマラ人の兄弟のように、兄弟で仕事を待つ光景はこれまでにもみてきたが、親子で同じ場所で仕事を待っているのははじめてであった。

アメリカ国境を越えて、偶然ハースト通りで出会う男たちもいる。その中には、ルイスとクワンの兄弟、アンドレスと父親のトレスパティネスの親子のように、家族で移り住み、日雇いをする男たちもいる。

家族の存在は、たしかに精神的な支えとなっている。ただ、それは同時に、経済的な困窮に家族で陥っている状態でもある。

アメリカン・ドリーム?

ディアブロ宅は汚れていた。ワンルームのアパートで、路面に面した入り口から入ると、左手にシングルベッド、右手に二人がけの腰掛、三人分のシングル用の椅子がおいてある。衣服やゴミが散乱し、想像していた以上に散らかっている。

正面には、女神の肖像画が掲げられている。その横には三〇年から四〇年前に結成されたカリフォルニア在住のフットボール・メキシコチームの集合写真が無造作に置かれていた。ディアブロは、前列の一番右端に写っている。がっちりした体格の顔立ちのはっきりした好青年である。

労働者の多くは、友人ネットワークをもとに自国からアメリカへと移り住む。アメリカの滞在期間が短い労働者は、三人から四人の労働者たちとアパートで共同生活を始める。一〇万円から一二万円の家賃の二ベッドルームをシェアし、一人の家賃支払いは、三〇〇ドル前後である。居住地区は、隣接地区と比べて低家賃のオークランドやリッチモンドなどのエリア。オークランドには、メキシコ移民居住地区が形成されていることもあり、その近辺に移り住む労働者も多い。

メキシコに家族を残すカルロスは、以前は、なんとか家族に送金をしようとしてきた。しかし、ここ数年は送金もできずにいる。家族との連絡もとっていない。ルイスが「いつ、家族のもとに帰るのか」と聞いたところ、カルロスは「もうこのまま帰れない」と答える。

というのも、お金を稼ぎにアメリカに来て、なんら稼ぐことなくメキシコに帰ったら父親としての威厳を失ってしまうからだ。

メキシコに残された二歳の男の子が、母親一人の家庭でどのように成長していくのかも気がかりなところである。

エルサルバドル出身の小柄な男は、二五歳の息子と大学に通う二人の娘を母国に残して日雇いに来ている。こちらでは、二人の労働者とルームシェアをし、一カ月に四〇〇ドルを家賃として払っている。家賃のほかに、光熱費やケーブルテレビ料金などを支払っている。

エルサルバドルの家族に電話をかけると、長男が「父さん、アメリカで何をしているんだ。妹たちの学費だって、払わなければならないのに」という。長男は、建設現場で働いている。長男には二人の娘がいて、この路上で仕事を待つ男は祖父ということになる。

グアテマラ出身のカルロスは、アメリカに来て八カ月が経過した。その間、毎朝必ず七時には路上に顔をみせる。一人で、真面目に、仕事を得ようとする機会が多い。二〇歳の息子はグアテマラにいる。

カルロスは友人と四人でシェアハウスをしていて、月一七〇ドルを支払っている。休日はない。煙草を吸う。グアテマラで生活する妻と小さな子供に仕送りをするために、毎日、仕事を待っている。

日雇い労働の収入は、家賃を支払うことでなくなってしまう。その他、もろもろの生活費を支払うこともままならず、当初の出稼ぎの目的であった家族への仕送りなどはできずにいる。

ルイスの母親

「オークランドの実家に行くから、今から一緒にこないか」とルイスに誘われた。ルイスは数年間の野宿生活からアパート暮らしに戻っていた。メキシコから移住してきたルイスの母親がホテルの清掃員として生計を立てながら、ルイスと弟の二人をアパート暮らしへと連れ戻したのだ。それまで一緒に家に行ったことはなかった。

ルイスと母親

オークランド市は、オーシャンビューが素敵な港町であるとともに、大規模な都市再開発が進み、高級住宅地区が増えている。その一方で、アメリカ屈指の犯罪地区として知られ、夜道を歩くことは危険だ。発砲事件も珍しくない。

足を運ぶと、この二つの顔は、エリアによって明確に分かれていることに気が付く。とくに、再開発が実施されていないウェストサイドやイーストサイドは、昼間でも危険なエリアである。

バークレーで研究を始め、身分証を作成するときに、事務スタッフと話をしていると、

「六四番線、オークランド行きのバスには間違っても乗っては駄目よ。昼でも駄目、夜は絶対に乗らないこと。」

と念を押された。オークランドの特定エリアは危険地区として認識されている。

ルイスと高架鉄道をおりて、歩いていると、街並みががらりとかわる。道路には、空き瓶が散らかり、割れた破片があたりに飛び散っている。壁の落書きは、グラフィティーアートと呼ぶことは到底できないような、殴り書き、落書きが目立つ。

築年数の経った古びた住宅やアパートが並んでいる。バークレーやオールバニーでは見かけることはないが、住宅やアパートの窓には、鉄格子がつけられ、外からの侵入者や投げ石や瓶などの奇襲から窓を保護している。

駅から住宅街の小道を縫うように歩いてきたことで、今、どのあたりにいるのかがわからなくなっていた。

「オークランドのどのあたり?」

「ウェストオークランドさ。」

午後三時過ぎでまだ辺りが明るいこともあって、駅から歩いてきた限りでは、身の危険は感じなかった。黒人の若者が路肩でたむろしていたが、われわれ二人に何かコンタクトしてくるような素振りもなかった。

「ここだ、この二階だ。」

とルイスが指さしたのは、赤レンガ造りのアパートだった。二階にあがり、玄関についた。ルイスが玄関をあけると飛び込んできたのがベッドのマットレスだ。扉をあけた目の前にマットレスが無造作においてあるので驚いた。

「ここで弟が寝ているんだ。今日はどこかでかけているみたいだ。」

その奥にルイスの母親が小さな椅子に腰かけていた。

「ちょっと、食べていきなさい。」

と言って、タコスやスープをつくってくれた。

ルイスがまだ小さい時に離婚し、ルイスと弟の息子二人をモーテルの清掃員をしながら、女手一人で育ててきた。

ルイスは高架道の下で他の労働者たちと野宿生活をしてきたが、今は、母親と一緒に暮らしている。「野宿生活は疲れた」と言葉を漏らす。

ルイスは、トラック探しをしてきた。私もネット掲示板のクレイグズリスト(Craigslist)で毎日のように検索をかけて、ルイスの車探しを手伝った。結局、ルイスは郊外に住む白人の労働者から二八〇ドルで希望通りのトラックを購入してきた。

購入直後に、自宅前に車を停めていると、フロントガラスが粉々に割れるという事件があった。明らかに不自然な割れ方であり、意図的な破壊行為であった。そのことに悲しむ母親を横目に、ルイスは何事もなかったかのように平静を装っている。これが彼の強さであるし、人を魅了する部分である。

せっかく購入した車の窓を何者かに割られても、彼が話したのは、「まあ、これくらいのことはよくあること、何でもない」という一言だった。苦労して稼いだお金で、ようやく購入した車の窓を割られた。心が痛んだ。

ルイスはメキシコに帰る理由はない。彼にとっては、バークレー、オークランド、オールバニーがホームなのである。

一ベッドルームのアパートに家族三人で暮らすようになりルイスのアルコール依存症は回復の兆しをみせている。

結婚したジョニー

グアテマラ出身で二五歳のジョニーは、毎月四〇〇ドルの仕送りをしている。二〇〇ドルが父親、一〇〇ドルが母親、残りの一〇〇ドルは、ココナッツの木から落下し、半身不随になった弟に送っている。

カルロス(左)とジョニー(右)

ジョニーはグアテマラ時代に一六回、刑務所に収監されている。窃盗やドラッグ取引が主な理由だ。毎回三カ月から、最後は九カ月、刑務所にいた。刑務所の中では働くことができるし、毎週土曜日には、売春婦をよび、刑務所内でセックスすることもできる。毎月第二週の土曜日には、刑務所内でダンスパーティーがひらかれる。

ジョニーはアメリカで仕事をする必要はない。というのも、グアテマラに遊びにきていたシャロンと恋仲になり結婚し、アメリカに移住してきたからである。シャロンは五四歳の白人女性で裕福な暮らしをしている。元弁護士でもある。

シャロンはジョニーに「日雇いしなくてもいいし、職場で働く必要もない。好きなように遊んでいればいい」という。ジョニーにしてみれば、「何もしなくてもいい」というのも酷なようだ。暇すぎて週に二〜三回は、ハースト通りに顔を出して、昼間、仲間と会話をしている。

ジョニーの昼食はハースト通りで仕事を待つわれわれの昼食より豪華だった。ひとつ五ドルのブリトーを二つ食べる。昼食に毎日一〇ドル払う金銭的余裕がある。

日雇いの場所には、毎日、決まって二時に、ドリンク、食料、お菓子等を盛りだくさんに積んだ車がやってくる。そこで売られている商品の値段は、基本的に一ドル。昼食として好まれるのは、サンドイッチや、ポテトの揚げ物等である。そこでもジョニーはいつも一〇ドルほど買い込み、仲間への差し入れをする。

ジョニーはサンフランシスコに住んでいる。

「一生アメリカで暮らすつもりはない。お金をためるために来ているだけ。シャロンは良くしてくれるが、この国で死ぬつもりはない。」

シャロンにもそのことを伝えてある。ジョニーとシャロンとも何度か飲みに誘われ出かけたが、二九歳の年齢差を感じさせない、仲のいい夫婦だった。

断ち切れる絆

ルイスのように家族と共同生活を開始できる者や、アメリカ国籍を取得し、定期的な収入を得ることのできる友人の自宅に転がりこむ例は、きわめてまれである。

現実的に考えられるのが、日雇い労働者の友人ネットワークをいかして、アパートで共同生活を始めたり、再開したりすることである。五年ほど、野宿生活をしてきた六二歳メキシコ人のカルロスは、隣市のリッチモンドで他の四人の日雇い労働者と共同生活を始めている。

とはいうものの、日雇い労働の不安定な収入のみでは、アパートでの共同生活を継続していくことは容易ではない。カルロスは、高架鉄道の片道料金の出費を抑えるために、日雇い労働の現場から三時間以上かけて徒歩で滞在先に帰宅している。

「頭をつかわなきゃいけない。ここで待っている限り、その先は何もない。仲間とどう付き合うかで俺らの人生は決まる。いいか、路上で仕事待ちをしている奴らは、真面目でいい奴さ。仕事がないことに辛抱できなくて、酒やマリファナに手を出す奴らもいる。そいつらと一緒にいたら駄目だ。なんとか上に這い上がろうとする意志を持ち続けるものとその日暮らしをしようとするものにわかれる。それは決定的に異なる。」

ずっと気になっていることがある。それは男たちの家族の生活だ。妻や子供を母国に残して、彼らは仕送りをするために、アメリカに入国した。だが、家族を支えることができず、家族との関係が断ち切れていく。一家の主がアメリカへと出稼ぎに出ていき、異国の地で稼いでくれると夢をみた家族は、あてにしていた仕送りが入金されない中、どのように生活を続けているのか。

母国に残された家族や子供たちの様子は、メキシコシティの路上をホームとして生きるストリートチルドレン、ホンジュラスの若者ギャングの生き様に迫った工藤律子著『マラス――暴力に支配される少年たち』からうかがい知ることができる。

家族との関係を断ち，野宿生活をする男

労働者と母国に残る家族との関係について考えていたときのディアスとのやりとりは忘れられない。

二三歳のディアスが、下を向いたまま、路肩に座り込んでいる。

「ディアス、どうした？　何かあったのか？」

「母親が死んだ。親父も小さい時に死んだ。親父の死は、時間をかけてようやく受け止めることができた。母を失ったことは、金属製のもので殴りつけられたようだ。何のために生きているか、わからなくなった。両親は死んだ。俺はたった一人。この国は何もあたえてくれない。仕事もなけりゃ、金もねえ。家族もいねえ。葬式にも行けない。」

第４章　快楽と暴力

昼食を準備するパポ(右)

トラブルメーカー・チコ

チコは血の気が多い。メキシコ出身で小柄なチコは、いつもガニ股で歩く。チコが遠くから歩いてくると、文句をいいたげな様子にみえる。反抗期の度を過ぎた、何かトゲトゲしい印象を受ける。目つきも鋭い。

リッチモンドを友人と二人で歩いていたチコは、黒人の二人組に絡まれた。

「お前らが住む国じゃねえ。金を出せ。馬鹿野郎。」

それを無視して通り過ぎると、いきなり殴られた。ただ、この奇襲はチコにとっては想定内だ。チコは黒人の一人に殴りにかかった。チコの捨て身の反撃だ。チコは相手をつかまえると嚙みつく。狂犬のように肉を嚙みちぎる。常軌を逸するチコは敵に回したくない。

「黒人に負けることはねえ。あいつらは、でかくても弱虫だ。」

その殴り合いの様子を、身振りを交えてハースト通りで再現し始める。チコのショータイムだ。チコのストリートファイト談義は珍しいことではない。それほど興味を示さずに聞き流していると、そんな態度の私をみて

「ケンも強いだろ。わかるぜ、空手をやっているんだろ。いっちょ、やるか？」

と冗談交じりにふっかけてくる。
「空手はやってないし、強くもない。逃げ足は速いかも。」
フェルナンド、チコ、ルイス、アントニオが、腹を抱えながら大笑いしている。「逃げ足が速い」というのが、よほど面白かったようだ。ほんとうに、そのような場面にあったら、おとなしく、所持金を渡すのが無難だ。

酔っぱらいのチコ（左）

ストリートファイトの逸話を聞くだけなら問題ないが、チコがハースト通りにくるとかなりの確率で面倒なことになる。

チコ、カルロス、パポの三人が揃うと黄色信号の点滅だ。彼らは決まって、ハースト通りで仕事を待っている間にも、潰れるまで酒を飲み続ける。酒がすすむとチコは仲間にも絡んでくる。

そんなところに、サンフランシスコで日雇いをしているゴンザレス、ペレス、オチョアの三人がハースト通りにやってきた。

「調子はどうだ？　仕事はあるのか？」

ハースト通りの日雇いの様子をうかがいにきたのだ。

それから三〇分ぐらいお互いの近況を交わし、談笑していた。チコが、「最近はこのハースト通りも仕事はないさ」と話したことに対してペレスが地雷を踏む。

「チコは不潔だから、仕事がないんだ。」

殴り合い

チコは激怒した。ペレスに殴りかかる。ペレスも応酬し、二人はそのまま取っ組み合いになった。ゴンザレス、オチョアはチコを羽交い絞めにして押さえつけた。二人の殴り合いを止めるためだった。逆効果だった。

地面へ押し付けられたチコの顔をペレスが蹴り上げる。それをみていたカルロスとパポは、仲間のチコが蹴られたことに怒り、その殴り合いに加勢する。収拾がつかなくなる。

フェルナンドとルイスと一緒に、この喧嘩の仲裁に入る。それぞれを引き離すこと以外に手段はない。必死の思いで私はパポの両腕をおさえ、ゴンザレスから引き離した。パポは流血している。フェルナンドはチコを、ルイスはペレスとオチョアの怒りを鎮めようとした。

日雇い労働者の間で、口論となることはしばしばあるが、ここまでの殴り合いの喧嘩になることはめずらしい。この取っ組み合いは時間にしたら一〇分程度だ。ハースト通りで私が立ち会った中では最も熾烈な殴り合いとなった。

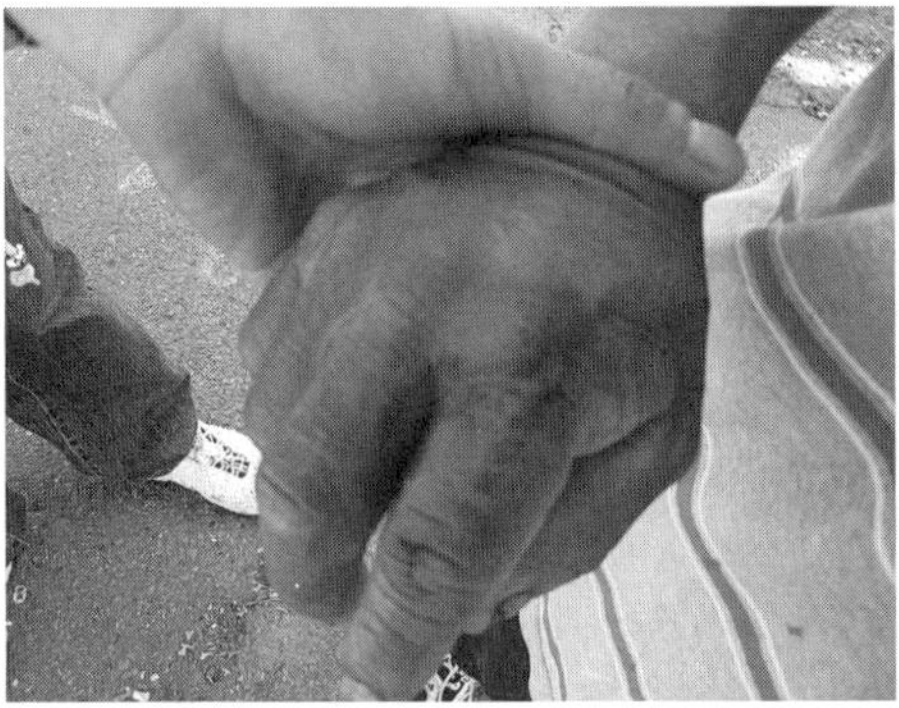
殴り合いの代償

その場を傍観していたジミーは、「喧嘩するのは勝手だ。だが、騒ぎによって警察のパトロールが強化されると厄介だ」と話す。ペレスのチコへの侮辱が今回の発端であった。ペレスにしてみれば、軽い冗談だった。それがここまでの殴り合いへと発展したのは、チコの酒癖が悪いからだ。

チコは何かとトラブルを引き起こす。フェンスを壊し、空き瓶を道路に投げつける。仕事を待つ間に、マリファナを吸引し、仲間たちにも難癖をつけてくる。

殴り合いの翌日、フェルナンドがチコに「これ以上酒を飲み続けるのなら、ハースト通りには来るな。迷惑だ」と叱った。

信頼を寄せているフェルナンドからの喝は、相当にこたえたらしく、その日を境に、チコは姿をみせなくなった。それから二カ月が経過した頃、チコの話題になった。

「チコは酒を辞めて、バレーホという町で日雇いをしている」ということだ。

ハースト通りから数十キロメートル北上したバレーホという町に移り住み、日雇いをしている情報は確かであるとしても、チコが酒を断つことができるのか。私は酒の抜けたチコを想像できずにいる。

隻腕のデュレク

アメリカで暮らしていた二一歳のガブリエラは、正規滞在資格を持たないで入国した三九歳のダニーとの間に子供を授かった。その子供がデュレクである。デュレクは生まれつき左腕がない。

ダニーはデュレクが小学生の時に強制送還された。それから連絡が取れていない。ガブリエラが女手一つでデュレクを育てた。デュレクはサンフランシスコ市内にある高校を卒業した。成績も優秀だった。

「ギャングの友人はいつも周りにいた。俺は深くは関わらないようにした。距離を置いていたのさ。片腕だから役に立たないと思われていた。それでよかった。」

高校を卒業すると、デュレクは月曜と火曜日の週休二日で、五年間、会員制の倉庫型店舗であるコストコで働いてきた。時給は一四ドルだ。

「生まれつき片方の腕がないことで人の二倍は苦労してきた。それを乗り越えてきた。だが、また、災難だ。俺は三カ月後に解雇される。仕事に疲れ、休みがちだった。解雇は仕方がない。それにより、給与は二週間に一度支払われる五〇〇ドルほどの失業保険のみになる。」

デュレクは結婚もして、子供もいる。妻と上手くいかず、別居している。養育費は払っている。デュレクはこの解雇通知を受けてから、ハースト通りに頻繁に顔を見せるようになった。このハースト通りに仕事を求めて来ているわけではない。ここにいる仲間に心の内を聞いてもらいたいから来ている。

デュレクはマティアスと酒を飲み、隣町のリッチモンドまでマリファナを買いに行き、黒人のドラッグディーラーから購入した。

ある日、デュレクといると、緑色のピックアップトラックが目の前を通り過ぎた。

「今の奴はな、メキシコで生まれて、こっちに若い頃に来て、成功した奴だ。あいつは、建設業でがっぽり稼いでいる。メキシコ人の女と結婚して、三人の子供がいるんだ。成功する奴

仲間たちとふざけながら炊事

酒屋に買い出しに

もいる。俺はアメリカで生まれて、この様だ。笑えるだろ。」

デュレクが姿を見せなくなったころに、メキシコ系のガランがハースト通りにやってくるようになった。ガランもアメリカ生まれで、長年レストランの料理人として働いてきた。ガランも解雇され、失業中にこのハースト通りにくるようになった。ハースト通りで毎日、酒を飲み続けている。

公園での炊事

フェルナンドやルイスたちと、サンパブロ通りにある酒屋に買い出しにいった。最初に店に入ったホセがビールを持ってレジに並んだ。

「IDがないから売れない。法の決まりだ。」

と言って断られた。

その後、すぐに、同い年のルイスと行くと、何も聞かれることなく酒を買うことができた。そのまま徒歩で、食事をつくることのできるバーベキューセットがある公園にいくと、すでに調理は始まっている。午後二時から、燃料となる木々を集め、サンドイッチにはさむ卵を焼いている。

タコス、テールスープ、メロンやリンゴといった果物も食べることができる。塩と油といった調味料は金曜日にセントポール教会でＮＰＯにより提供される昼食の土産袋に入っている。

木々を拾い集めて昼間から調理の支度をする。昼食と夕食という区分ではなく、午後二時過ぎから、食べ続けているといってもよい。マリファナを吸引することで、さらなる空腹感に襲われ、男たちは食べ続けている。スペイン語放送のラジオを携帯ラジカセでかけながら、ときにはダンスのステップも交えることで、日が暮れていく。サンフランシスコ北東部にあたるこのエリアの気候は一年中穏やかで、食事を食べては、昼寝をする。目を覚ますと、マリファナを吸引しては、食べるという生活の繰り返しである。

仲間の信頼

フェルナンドとバルバスがタコス屋でのブラのふるまいについて批判を加えている。ブラは毎回あとから合流して、最後まで買出しをすることもなく、飲み続ける。金を出さずに仲間の酒を飲む。普段は金銭的な話など細かなことをいわないフェルナンドですら、ブラのふるまいには相当に頭にきているようだ。

家族との連絡を絶った男たちを支えるのが、毎日、日雇い労働の現場で顔を合わせる労働者仲間である。

この路地に生起する群れにおいても、程度の差はあるものの、学校や職場、地域で形成される制度的な社会集団と似たような規範が共有されている。いかなる社会集団であれ、無秩序や無規範では集まりを維持することはできない。

三七歳でグアテマラ人のカメロは、生活ぶりを嘆く。

「仕事を待ちながら、毎日のように、酒を飲む。ビールなら一〇缶は飲む。日雇いで稼いだ金で、酒を買う。ここにいる奴らと一緒に飲むためだ。仕事も金もないときでも、フェルナンドやほかの奴らが酒を買ってくる。ルイスが、みんなから金をかき集め、買出しにいく。俺だけ、嫌だなんていえない。橋の下で一緒に暮らしている仲間だからな。」

奢るという行為は、生存を守るというほどまではない。彼らの一日を認めてあげる行為、仕事を待つという労働への対価だとも思えてきた。一ダースで一〇ドルの格安ビールを購入することで、そこで仕事を待っている男たちに安らぎを与えることができる。

家族への経済的支援が困難になり、アパートでの共同生活からの野宿生活を始めるようになると、労働者同士で濃密な仲間関係が構築されていく。こうした、労働者同士の仲間関係のもとに、男たちは路上に群がっている。しかし、ここでの仲間関係が労働者の生活を改善していくことへと向かわないのが悩ましい。

洗濯とシャワー

仕事待ちをしているときは、いつも黒色の長袖のパーカーを着ていた。夏場でも肌寒く感じるときがあり、長袖がちょうどよかった。これが私の仕事着だった。カリフォルニアの乾いた気候もあって、着ている衣類の洗濯の頻度が少なくてすむ。フェルナンドの車でコインランドリーによった時も、三週間ぶりの洗濯だという。

仕事で汚れたときには着替えて、洗濯ものはまとめておく。三週間に一度で洗濯は十分だという。

ウェインとルイスの弟は、一緒にギルマン通りのところにシャワーを浴びにいく。ハースト通りから一キロメートルほどの施設では一ドルで二〜三分シャワーを浴びることができる。「清潔にしようと思えば、清潔にできる」環境がある。古着も支給される。

「車に乗せる労働者が臭かったら嫌だろ。」

彼らは綺麗な服装をしているとはお世辞にもいえないが、ズボンや靴をみても、清潔を心がけている。体臭が気になることはほとんどなかった。

「服が汚れているじゃないか。寝癖がついているな。」

ホセにも、「髭がそれていないじゃないか」というように、挨拶のついでに、「身だしなみチェック」が入る。仕事で汗をかいたときにはその日のうちに、浴びにいく。

腹をすかせた男たちの列

セントポール教会のランチ

セントポール教会でのランチには、体格のいい若者が増えていた。合計では九〇人ほどになる。ランチ提供の手伝いをしているのは、メキシコ系アメリカ人数名と白人男女数名である。

金曜日の正午からと火曜日の正午は、ご飯をたべることができる。ボランティアスタッフがつくってくれる毎週のランチは楽しみだった。食事中は男たちといろんな話をした。

路上で仕事を待っているときの精神的な緊張から解放されて、ジョークも飛び交った。笑いも起きて、賑やかな雰囲気だった。

食事をおえると、皆で椅子や長机を片づけた。掃除もした。こうしたランチの時間を共有することで、男たちは互いの近況を報告し、仲良くなっていく。深刻な悩みを持っている場合には、スタッフに相談することもできる。

また、スタッフからハースト通り近くでの暴行事件の近況などが男たちに伝えられ、気をつけるように注意を促してくれる。ボランティアスタッフは、不法移民である彼らの事に対して、一切無礼な態度はない。同じ人間として、ごく普通のコミュニケーションをとっていた。普通に接してくれることが、男たちにとっては何よりも嬉しいことなのだ。

帰り際には、必ず、ビニール袋に小分けされた食料を手渡してくれる。ピントビーンズの缶詰、スパゲッティ、米、ピーナッツバター、コーンの缶詰、ビーフの缶詰が入っていて、火曜日まで食いつなぐことができる。

あるときニカラグア人に、持ち帰ることができる食料があれば取ってきてほしいと頼まれた。彼は「シャイだから恥ずかしい」と言う。たしかに誰もみていないようで、皆の行動を気にしている。頼まれたので取りにいこうとすると、このやりとりを横で聞いていたホセが、「ヘイ、何を言っているんだ。持ち帰ればいいんだよ」と大声を発しながら、食料を手にして、二袋分を彼に渡した。

バークレー市まで歩いていけば、朝食を無料で提供してくれる教会もある。仕事で稼げていなくても、食事に困ることがない。手渡された食料を皆で寄せ集めて調理すれば、それなりの食事をすることができた。

教会での食事の風景

違法営業のタコス店舗

一〇時三〇分頃、フェルナンドから電話が入った。タコスを食べに行かないかという誘いだ。行き先はメキシコ出身のミゲルの自宅だ。一二時過ぎに、ハースト通りに行くとフェルナンドは木陰で寝ていた。

二時過ぎには、ルイスがやってきて、そのあとカルロスとジョニーがやってきた。三時過ぎに、ミゲルの自宅へと向かった。自宅の駐車場でミゲルがタコスをつくっている。外からは見えないように、上手にカモフラージュしている。だが、なにせ臭いがもれる。ミゲルの不法営業はご近所に知れ渡っている。

ミゲルは、毎週、木曜と金曜に営業する。商品は、一枚一ドルのタコスのみだ。クーラーボックスにビールが冷やしてあり、購入も可能だ。そのストックはすぐになくなるので、近所の酒屋へ買い出しにでかける。

このタコスは生地の上に、炒めた玉ねぎと細かく刻んだ牛肉のステーキをのせたシンプルなものだ。チリとサルサソースをお好みでかける。私は四枚から五枚食べていた。

ミゲルのタコス

営業中はひっきりなしにお客がやってくる。駐車場の簡易ベンチに腰掛け、長居をするのは日雇いの男たちだ。女性や子供もタコスを買いに来る。

一つ一ドルのタコスを一人五つほど頼むと、ミゲルの売り上げは、三〇人で一五〇ドル。五〇人で二五〇ドル。われわれはミゲルが営業している間、ずっと駐車場にいてビールを飲んでいたわけではない。滞在していた二時間ぐらいで三〇人から五〇人は来ていた。大量の生地を買い込んでいるところをみると、一日に一〇〇人近くの顧客にタコスを販売していたことになる。木曜と金曜の二日で、一〇〇〇ドルの売り上げだ。ミゲルは随分稼いでいた。

ミゲルのタコスは美味しかった。ただ、残念なことに、二〇〇八年の夏、二〇年の歴史に幕を下ろした。昨年冬に警察官が駆けつけて違法営業への取り締まりを行ったからだ。

しばらくしてミゲルのタコス店舗は、サンパブロの車修理工場内の広場に移動していた。修理工場内には、タコスの調理器具と、七人ほどが座れるテーブルとイス。そのほかに、コーナーに五つほどの椅子が置かれていた。

マリウスの鬱

いつもの場所に行くと、マリウスが仕事を待っている。マリウスは健康診断の診察書を手に持っている。ハースト通りの男たちは、月に一回、無料で健康診断サービスを受けることができる。診察書を見せてもらった。高血圧と肥満度にチェックマークがついていた。それ以外の項目にチェックは入っていない。マリウスは健康に気を使っている。

健康診断を欠かさず、定期的に受けているし、低所得者用のコミュニティ診療所にも頻繁に通う。数カ月前までは、腰に痛みがあり、仕事を待つ間も、常に伸縮性のコルセットをしていた。

マリウスの腰の状態がどれほど深刻なのかは、正直疑わしい。一緒に歩いたり、ピックアップトラックが近くにとまったときに、誰よりも真っ先に車に駆け寄っていく。

マリウスと二人で仕事を待っていたが、とくに会話が続かない。すると彼は、すぐに戻ってくるといって、その場を立ち去った。どこに行ったかは、わからない。マリウスがその日、ハースト通りに戻ってくることはなかった。

マリウスが立ち去った後、一人で仕事を待っていた。それからニカラグア人のアレハンドのもとへと近寄り、挨拶を交わした。彼とは会って二日目だ。初日に、彼が二歳の息子の写真をみせてくれるなど、一時間ほど、会話を交わしていた。彼のもとに近づき、「元気？　今来たのか」と声をかける。

彼は、「ああ、元気だよ」と声を交わし、マリウスと私がいた場所まで挨拶に行かなかったことを詫びた。そんなことは何でもないと言葉を返すと、彼はその理由について語り始めた。

「マリウスって男が好きじゃない。長いこと奴のことは知っている。マリウスと話すと気分が落ち込む。とにかく、あいつは文句ばかりなんだ。」

「どんなことを話すの？」

「今日も仕事がないを繰り返す。そうするときまって、俺たちは人間じゃねえ、まるで家畜だ、人生にも希望が持てない、何でこんなことをしているのかわからないと嘆く。それを一緒に聞いてみな、こっちまで、テンション下がっちまう。考え方次第だろ。仕事を待つにも、その時間に、この先真っ暗だなんて考えていたら、駄目だ。のんびりした気持ちでいればいい。マリウスはそれができない。」

ペンチで歯治療

入国経路は異なっていても、アメリカでの生活を始めるようになると正規滞在資格を持たない労働者たちは、無身分証明・無健康保険・無運転免許の三重の〈無〉を強いられる社会的存在として日々を過ごしていく。

車を運転しなければ、免許は必要ない。組織や制度の外で生活していると、身分証明書の提示が求められる機会もない。それでは、健康保険がないとどのような苦労に直面するのか。

「医療保険に入っている奴は、ここには一人もいない。体調を壊したら、偽名をつかって、ホームレスだって言えば、とりあえずの治療はしてくれる。薬もくれる。ＩＤはなくしたと言えばいい。パブリックの病院にいけばいい。」

歯は気になる。犬歯までの前歯がない者をみかける。虫歯の治療をしていないことによるものか、ドラッグの使用なのか、その理由は定かではないが、一般社会では、なかなか考えにくい状態である。

「虫歯の治療は自分でできる。工具を持っている仲間からペンチを借りてくる。それでいつもよりマリファナを多めに吸う。身体がふわっとしてきたら、一気に痛みのある歯を抜く。そのあとはアルコールを飲む。歯を抜いた直後は沁みるが、そのあとは痛みを感じなくなる。痛みが出たらマリファナを吸う。それを繰り返して、一週間もすれば、痛みはなくなるさ。」

前歯が抜け落ち、八重歯が印象的なロランドからこの歯の対処法を聞いたときは、愕然とした。痛みをマリファナで軽減させてペンチで抜くという方法は衛生的な面でもリスクを抱えている。

そのようなことは当事者であるロランドですらわかっている。身分証明書も医療保険証もない地での長年の暮らしは、われわれが今や当たり前に享受している医療の外部で、自身の身体に対峙していく生活を強いられる。

暴行の被害

「何だか、わかるか？」

ジョニーがボロボロのリュックを差し出してきた。

リュックの外から確認してみる。何かゴツゴツしている。

「なんだろうな、それにしても重いな。」

ジョニーは、リュックをあけて、中身をみせてくれた。

リュックの底にみえたのは拳銃だった。遠い昔、グアム旅行に行ったときに、射撃体験をしたことがある。そのたった一度しか、実物はみたことはなかった。回転式拳銃ではなく、映画とかでみるような小さめの自動拳銃だった。

「自分の身は自分で守る」がジョニーの口癖だ。ジョニーはいつもピリピリとした緊張感がある。この銃は正規のルートで入手したものではなく、登録もされていない。不法所持となり、警察に職務質問され、荷物検査されるだけで、ジョニーは罪となることをわかっている。

「俺たちの立場ではいつ何が起きても不思議でない。何が起きても、死んだら、負けさ。俺はグアテマラでそれを学んだ。捕まろうが強制送還されようが、生きることに意味がある。」

ある日、カルロスが右目を充血させ、顔を腫らしてハースト通りにやってきた。

「どうしたの？　何かあった？」

カルロスは、いつも通りの笑顔をみせるが、何も答えようとはしない。

その様子をみていたフェルナンドが近づいてきて、

「カルロスは、昨日の夕方、三人組の黒人に絡まれたんだ。俺たちはお金を持ってない。だから、金目当てじゃない。何が不満かは知ったこっちゃないが、俺たちを殴り、ストレスを発散させているんだ。」

そのとき、カルロスはファイティングポーズをとってみせた。

カルロスと筆者

「俺は喧嘩もできるぜ。弱いわけじゃない。ここでもし喧嘩をして、相手に傷でもおわせて、警察沙汰になったら、一発で刑務所だ。それは面倒なことだろ。だから、殴られ続けるんだよ。昨日だって、反撃はいつでもできた。でも、ぐっとこらえるんだよ。まあ、三人組に路上でばったりあっただけ、ついてなかっただけだな。」
路上で強盗にあっても、彼らから警察に通報することはしない。警察への通報は、不法滞在である自分の身を差し出すことを意味するからだ。

不法で滞在するということは、路上での一方的で身勝手な暴行を受けても、被害者であると認識されないような剝き出しの存在となることを意味する。危害を加えた黒人の若者たちは、不法移民のそうした社会的な弱みを握って、暴行をはたらくのである。

危害を加える若者たちの怒りは、彼らが日常的に受けている扱いの反動からきているのかもしれない。そうであるならば、貧困や差別に苦しむ者たちが、不法に滞在するさらなる社会的な弱者を攻撃する悪しき構造がここにはみてとれる。どんな理由であれ、暴力行為は許されるものではない。

生還したパポ

パポは仕事待ちをしているときには、ギターを片手に良く歌を歌う。酒に酔うといつも、スペイン語をレクチャーしてくれる。人柄が優しく、教え方も上手い。だが、パポは日雇い仕事に熱が入らない。何度か一緒に働いたことがあるが、適当にこなすのがパポの作法だ。そもそも、パポはどうやって稼いでいるのか、不思議に思ったこともあった。

そんな疑問がはれたのは、パポの動機が他の労働者と違ったことを知ったときだ。パポがアメリカに来た理由は、出稼ぎのためではなく、グアテマラから逃げるためだったのだ。

グアテマラで金稼ぎをしていたドラッグ・マーケットでの揉め事で、パポは相手のギャング集団に拉致され、何度も暴行を加えられ、瀕死に近い状態で路上に捨てられた。「あの暴行で生き残ったのは奇跡に近い」とパポは吐露した。

グアテマラで生きていくには、あまりにも危険であった。だから、アメリカに逃げてきた。

パポ、ルイス、フェルナンドと一緒に、オークランド国際通り二二番街にタコスを食べに行く。ルイスが追加のビールを買ってきてくれる。目の前のビールがなくなる前に、新しいビールが目の前に置かれる。これで、私が覚えている限りで七本目だ。周りからみたら、相当にうるさい四人組だったに違いない。

フェルナンドにオークランド駅まで送ってもらうと、ルイスは、そこからバスにのり、母親の家に帰った。帰り際にパポの高架鉄道のチケット代金、二・〇五ドルを出すために、フェルナンドの車内に落ちているコインを探している。パポと私は、高架鉄道にのり、ノースバークレーに向かう。高架鉄道の中では、エルサルバドル出身という四〇歳前後の男性と話をしている。

パポの歌

「建設業をして、バークレーに住んでいる。ケンは、日本人で一緒に働いている。」

一緒に仕事待ちをしているが、パポは建設業といっても日雇いで、バークレーに住んでいるといっても、橋の下で寝泊りしている。パポの自己紹介はいつも誇張気味だ。

ノースバークレー駅に着くと、午後九時半を回っている。高架鉄道に持ち込んだ自転車を手で押しながら、パポと歩いてかえる。自転車を軽くこぎながら、パポのペースにあわせると、いきなり走り出した。

「俺はこうやって、走りたいんだ。足にいいだろ。グアテマラでフットボールをしていた。こっちじゃ、なんもしてない。だから走るぜ。」

飲んでいるとは思えないほど、しっかりした足取りで、軽快なスピードで三ブロックほど、駆け下りた。パポは橋の下の寝床へと帰っていった。

下着泥棒マリオ

グアテマラ出身で小柄なマリオが仕事を待っていると、一台のセダンが目の前にとまる。運転手は白人の中年女性、助手席には二〇代前後の女性が座っていた。女性の二人組が労働者を車に乗せていくことは非常に珍しい。

時給の交渉を経てマリオは車に乗り込んだ。行き先はバークレーヒルズだ。三〇分ほど車を走らせ、到着したのはプール付きの豪邸だった。

到着すると、マリオは、庭の掃除と屋根の掃除を依頼された。さっそく庭掃除に取り掛かる。庭掃除を一時間ほどして、梯子を使い屋根の掃除にうつった。そのタイミングで雇い主の女性が「今から買い物にいってくるから、掃除をよろしくね」とマリオに伝え、二人は車で出ていった。

家に残っているのは、マリオだけだった。屋根の掃除をしていたマリオは、家の中に入り、物色をした。目当ては金品ではない。その若い女性の下着だった。

マリオは洋服ダンスから下着を見つけ出すと、リュックに入れた。その日は何事もなく、マリオは二人の女性にハースト通りまで送ってきてもらった。

翌日のことだ。その女性が警察官と一緒にやってきて、マリオはいないかと探し回った。マリオを見つけると、警察に突き出した。

「下着を盗んだでしょ。気持ち悪い。返しなさいよ。」

あたりに大声が響いた。そのまま、マリオは警察に連行されていった。マリオは事件を起こすようなタイプではない。どちらかというと気の弱いタイプだった。

数日経ち、マリオがハースト通りに戻ってきた。

その日からマリオは、カブロンと呼ばれるようになった。カブロンとはスペイン語で相手を馬鹿にする汚い言葉である。下着を盗んだことで、労働者の仲間たちからずっとからかわれるようになった。

売春婦とのセックス

グアテマラ出身のハビエルが向かうのはオークランドのサンパブロ通りだ。

「今日の稼ぎは、引っ越しで六〇ドルだ。悪くないな。こんな日は行くしかないな。」

サンパブロ通りには、売春婦が客待ちをしている。売春婦は一人ずつ立っているが、その数は数十名を越える。

「一時間四〇ドルでセックスできる。フィリピン人の女さ。この女も法を犯している。俺らと同じく不法に滞在している確率が高い。そんなことを思い浮かべると、妙な仲間意識が生まれて、より興奮するんだ。セックスをしているときは、必要以外会話はしない。俺たちはそれぞれ仕事をしているんだからな。」

ハビエルは六〇ドルの稼ぎから四〇ドルを使った。ハースト通りで仕事待ちをする男たちの大半が、家族を自国において出稼ぎに来ている。日雇い労働をしている中で、人肌恋しくなる時もある。

「稼ぎが少ないなら、二五ドルで抜いてくれる売春婦もいる。それでもいい。運良く稼いだら、一時間で二五〇ドルという韓国人モデルは、自分にとっての御褒美さ。彼女のマッサージとセックスは、この世のものとは思えない。最高の癒しだよ。日雇いでこのまま生きていくのも悪くないな、と感じることもあるのさ。」

売春は違法である。現行犯で検挙されれば、逮捕に至る。客である労働者も売春婦も正規滞在資格をもたないで、法外で生きている。

「売春したら逮捕されるんじゃないか？　それは怖くないの」とある日、ハビエルに聞いてみた。

「お前わかってないな。売春婦の女も逮捕なんて怖くないいんだよ。警察も俺たちをいちいちつかまえたりしない。いいかそんなことより、どんなセックスをするか、考えるのはそれだけだ。」

男たちは女性を買うだけではない。ときに、自分の身体を売る。引っ越しの手伝いをおえて、ハースト通りに戻ってきたカルロスが開口一番、「とんでもない雇い主だった。俺の身体をじろじろとみてきて、話し方も気色悪い。まさかとは思うが、犯されるんじゃないかと思ったさ。」

ハースト通りには、仕事待ちをする男たちを買いに来る男もやってくる。カルロスは男たちがセックスの対象となることを良くは思っていない。

「白人の男たちは、かなりの割合で男好きだな。どうかしてる。なんで、男に生まれて、男を好きになるのさ。全く理解できない。腐ってもあいつらみたいにはならない。だが、中には要求を受け入れる仲間もいる。金がもらえるからな。金を稼ぐためには何だってする。そこまで覚悟している労働者もいる。」

性の対象としての肉体が直接的に売買されるのも日雇い労働のリアルな世界である。

クラック・アディクション

ハースト通りで仕事を待つ男たちの半数がドラッグに手を出している。煙草やビールより身近なものとしてマリファナを吸引する。仕事待ちの間に一五名の労働者がマリファナをまわしている。そのような場面に遭遇することは珍しいことではない。

カリフォルニア州では一九九六年に医療用のマリファナの使用は認められている。診察の結果、痛みの緩和目的で医療用にマリファナを使用できるリッチは、仕入れたマリファナとパポが持っている煙草とを物々交換する。

二〇一六年には娯楽用のマリファナも合法化された。使用場所は個人宅やライセンスを持った店舗に限られており、車中や公共の場での使用は許可されていない。

マリファナより常習性が高く、深刻なのがクラックだ。クラックは、コカインを精製した高純度の麻薬で、気化させて吸引すると数秒で陶酔状態に陥る。純度が高く、廉価であるために、蔓延している。クラックがたちが悪いのは、中毒性が極めて高いことだ。

ジョニーは上着のポケットの中をみせてくれた。そこには白い粉の入った五つの包みが入っていた。中身はクラックだ。

「これが金を生む。黒人には五〇ドルで売りつける。仲間には一五ドルから二〇ドルだな。」

ルイスはしばしばジョニーからクラックを購入していた。マリファナの快楽では物足りなくなり、クラックに手を出すようになった。

ルイスとは長い時間、ハースト通りで一緒に仕事待ちをしていたが、いつのまにかクラックに手をだしていた。気がつかなかった。

ある日、ルイスとパポが線路脇の茂みに身体を休ませにいった。その行動に特段不思議なことは感じられなかった。

それから三〇分もたたないうちに、

「真面目に仕事待ってんだな。」

と大声で叫びながら、ハグをしてきた。いつもクールなルイスとは全く別人のようだった。ハースト通りで仕事待ちをしていた労働者にも一人一人ハグをして、木陰へと消えていった。そのときは何が起きたかはわからなかったが、横にいたフェルナンドが小声で、

「クラックだ。ルイスはクラックにヤラれちまった。」

クラックに手を出し始めたからといって、ルイスが暴力的になったり、得体の知れない行動

をとるようになったというわけではない。それまでと同じように仕事待ちもしていた。

クラックに手を出す間隔が短くなっていった。クラックに手を出した後は、丸一日、ときには、一日半ぐらいは眠りこけ、労働者としてのリズムは次第に乱れていった。

「ルイス、クラックは良くない。やめないと身体壊すぞ。」

「クラック？　何のことだ？　どうかしちまったのか？」

とはぐらかされてしまった。

ルイスのクラック使用は、なんとしてもやめさせるべきだった。現場の問題に目を瞑るようならエスノグラファーとして失格だ。ルイスのクラック・アディクションに、何らアクションができなかった。そのことは今でも後悔している。

「**お前は何者だ**」

研究会に参加して、いつもより遅めの午後五時に公園へと向かう。夕方には酒の量が増える。すでに何人かが泥酔している。公園には、一五名ほどが備え付けのテーブルを取り囲み、酒を飲んでいる。飲んでいるのは、メキシコ系のビール(度数が強くて、安価)か、バドワイザーである。数十の空き缶が散らばっている。

アジア人の私が遅れて輪の中に入っていくと、ブルース・リーとジャッキー・チェンの話題になる。ガレンはブルース・リーの真似をする。酔っていることもあり、その話題や真似が三〇分近く続く。

その日は、これまでにみたことのない若者たちが来ていた。そのうち一八〇センチ近くの男が、仲間を威嚇するような態度でいた。

「お前、ここで何をしている。」

苛立つ男が攻撃の対象としたのが私だった。日々の日雇いの仲間は私のことを認めてはくれている。目の前の男は、私を認めていない。

「中国人か？　いったい、どれだけ、俺らが深刻か、わかっているのか。お前が首を突っ込むようなところじゃないんだ。とっとと消え失せろ」と怒りをぶちまけながら、胸ぐらを摑んでくる。

殴られる覚悟をした。男の怒りはおさまらない。この男から目線だけは外さずに、様子をうかがう。この男が殴り

私に怒りをぶちまけてきた男(右)

かかってきた場合に、大きな怪我をしないような自己防衛はしないといけない。数発ぐらいなら殴られてもしかたない。

この男と私が揉めている様子をみていたルイスは、近寄ってくる。その男と私を引き離した。

「相手にするな。ろくな奴じゃない。酔っ払いだ。何もするなよ。耐えろ。」

ルイスがうまく距離をとってくれたことで、最悪の事態は免れた。引き離された男の怒りは鎮まっていない。

「お前が来る場所じゃない。国に帰れ。」

男の叫び声があたりに響き渡る。この男に怒りは覚えない。ただ、突き刺さるような叫びが、なにもできない虚しさを増幅させ、私を押しつぶそうとしていた。

第５章　収監後の日常

マーケットでのルイスたち

ラティーノ・マーケット

オークランド市のレイクメリット駅から二ブロックに位置するレイニーカレッジ広場では、毎週日曜日に、フリーマーケットが開催される。このフリーマーケットにルイスとマイクが店を出すというので、フェルナンドの車でむかった。

会場につくと、人の多さに驚いた。会場を埋め尽くすという表現がぴったりだ。出店者と買い物目当ての人でごったがえしていた。入り口は一カ所で、入場料は二ドルだ。二ドルを渡すと、支払いと入場の証明となるスタンプを手の甲におしてもらう。フリーマーケットの会場によっては、入場料無料のところもあれば、四ドル近くする会場もある。

レイニーカレッジ広場でのフリーマーケットでは出店者が、出店費用として一日二〇ドルを支払う。出店者の多くは車に商品を乗せ、会場に車を乗り入れる。車の停車位置は決められていて、停車した車の前に、自分たちの店をセッティングする。

中へ入っていくと思うように進むことができない。この人込みでは、ルイスたちを探すのに苦労しそうだ。

このフリーマーケットは見飽きない。洋服類、アクセサリー系、骨董品など、ありとあらゆる商品が並んでいる。手書きの値札が付いている店もあれば、何も書かれていない店もある。ビニールに入って封をあけていない新品の商品や、箱に入ったままの状態の良い新古品も陳列されている。地元メジャーリーグチームのオークランドアスレチックスの野球帽なども、格安で売られている。

客待ちを続けるマイク

このフリーマーケットで特徴的なことは、出店者の大半がメキシコ系移民であることだ。来場者の中には白人や黒人のアメリカ人もいるものの、その割合は少なく、来場者の大半もメキシコ系移民たちである。会場内で耳にするのは、スペイン語ばかりだ。フリーマーケットは、アメリカに移り住んだメキシコ系移民の貴重な交流の機会の場を提供している。

そんなことを感じながら、奥へと進んでいく。二〇分ぐらい歩いていると、偶然、ルイスの姿を一〇メートルほど先に確認することができた。トレードマークの黄色の上着を着ているのはルイスだ。間違いない。

急ぎ足でルイスをおいかけ、声をかける。

「約束通り見にきたよ。」

「来たのか。俺らの店をみせてやるよ。」

案内されたルイスとマイクの店には、マイクがビール瓶ケースを裏返しにして座っている。ルイスとマイクは、朝九時半過ぎにきて準備をした。店の入り口には、数十年前につくられたと思われる子供用の自転車が置いてある。錆びのついた自転車ではあるが、それがかえってアンティーク感を出し、人の目にとまっていた。

「この自転車も売ってるの？　いくら？」

「売り物さ。五〇ドルだ。」

錆び切ったチェーンの状態やブレーキの利き具合からすると、自転車として機能を果たすことは難しい。アンティーク感は出ているものの、置いて飾るというと疑問符がつくような印象を持ち、五ドルなら買うかなというのが正直なところだった。

この自転車が人の目にとまったのは確かで、それからも何人も、この自転車の値段は幾らかと尋ねていた。

マイクはディスカウントすることなく、五〇ドルを譲らなかった。この自転車は売れ残った。

その間に、廃棄されていたものをかき集めて、商品として陳列していた洋服や骨董品が売れた。ルイスたちは、フリーマーケットの終了時間ぎりぎりになるまで店を出していた。店の一日の売り上げは六〇ドルだった。

「今日の売り上げは良くない。でも、焦らず待つ。値段を下げて、売りたいても仕方ない。買い手がつくまで待つことが大事なんだ。」

とマイクは売り手の哲学を口にする。

五時頃には撤収作業がはじまるので、約七時間、二人で六〇ドルの売り上げとなる。六〇ドルから出店費用の二〇ドルを引くと、利益は二人で四〇ドルであった。一人換算で、七時間労働で二〇ドルの稼ぎ、時給にすると三ドル弱である。

マーケットの様子．真ん中に自転車が置いてある

安定した収入があり、家の中でつかわなくなったものをフリーマーケットに出す。そんな人にとっては、フリーマーケットがコミュニティになっていて、そこで会話を交わすことも楽しみの一つになっている。しかし、マ

イクやルイスにとっては、そうはいかない。

フリーマーケットは生計を立てる重要な稼ぎの機会なのである。それを考えると、時給三ドル弱という稼ぎが現実として厳しく突き刺さる。

フライングディスク・リサイクル

サンパブロ通りにあったレンタカー会社U‐HAULが不況の煽りを受けて閉店した。ハースト通りで仕事を得る機会が減ってきた。

仕事がなければ、仕事をつくり出す。ハースト通りでの仕事待ちの長さに痺れをきらしたフエルナンドとルイスは、新たに稼ぎを始めるようになった。それがフライングディスクの販売だ。

ハースト通りから徒歩で一〇分ほどのところに、ディスクゴルフのコースがある。ディスクゴルフとは、ゴルフボールの代わりに、フライングディスクを使用して、専用のゴールに入れるスポーツで、投数を競う。少ない数で入れた者が勝者となる。

コースも一八ホールあり、川沿いに面している。とくに、水面の上を通してショートカットを狙う川越えコースはディスクゴルファーたちの腕の見せ所だ。水面を三〇メートル弱越さないと、向こう岸には届かない。この川越えコースではいとも簡単に、ディスクが着水する。ゴルフで言うところの池ポチャが連発する。ディスクゴルファーたちには、そのディスクを川の中から取り出すことはできない。

フライングディスク拾い

フェルナンドとルイスは、ペットボトルと発泡スチロールによって浮きをつけた、八〇センチメートル四方の小舟をつくり、その小舟でディスクが落ちている位置まで移動する。長棒の先端に洗濯バサミをつけ、紐をひくことで開閉可能にした道具をつくり、川底に沈んだフライングディスクを一枚一枚と拾っていく。一枚を拾うのに、一分もかからない。簡単な作業である。

水底に落ちているフライングディスクを拾い、そのディスクを一枚、五ドルから状態が良いと一〇ドルで販売する。このフライングディスク拾いは、何時間も待つ日雇い労働よりも効率がいい。

フェルナンドは三時間ほどで、五二枚のフライングディスクを拾った。拾ったディスクの汚れをボロ雑巾でふき取り、草原の上で天然乾燥させる。水の中に落ちただけでは、ディスクの性能はかわらない。

一枚五ドルで売ると、二六〇ドルになる。フェルナンドとルイスはそれぞれ二〇〇枚弱のフライングディスクを拾い、ストックしていた。これは非常に独占的なビジネスモデルで、需要もある。

二人はフライングディスクが着水した瞬間に小舟を出してとりにいくわけではない。着水したディスクは簡単には拾えない、ということがディスク拾いの労働に価値を与える。二人がディスクを拾いにいくのは、プレイヤーがいなくなった夕刻だ。

白人男性がフライングディスクを買いに来て、フライングディスク四枚を購入したいと言ってきた。

「いくらになるんだい?」

「まかせるよ。払いたいと思う金を払ってくれればいい。でも、フェアにいこうな。」

「一五ドル払うよ。これでいいよな。」

この話でフェルナンドとルイスが揉めた。ルイスは通常、フライングディスクを一枚五ドルで売ることにしている。その近くでフェルナンドが一枚四ドル以下で売ってしまうと一枚の相場が下がってしまうことになる。

もともと、フライングディスク販売はルイスが始めたことであった。フェルナンドの車中には、廃品集めの際に使う自転車や集めた廃品、それに二〇〇枚を超えるフライングディスクが積まれており、隙間もない。フェルナンドのほうが利益を生んでいる。

昼食後の光景

ルイスとフェルナンドは、サンフランシスコ郊外で行われたディスクゴルフ大会に出かけ、フライングディスク売りで八〇ドルを稼いだ。
ハースト通りで仕事を待っていると、大型のショッピングカートに荷物一式と空き瓶や空き缶、段ボールを積んで、リサイクルをしているホームレスが目の前をゆっくり通り過ぎていく。
空き缶、空き瓶、段ボールを拾い集め、リサイクリングセンターに持ち込めば、ゴミは現金に生まれかわる。着実に現金化することのできるゴミ拾い事業はやらない。
「ゴミを漁ってやがるんだ。塗装、建築、ガーデニングでもいいが、あれだけはできねえ。黒人のホームレスと俺たちは違う。」

しかし、ハースト通りの仕事が減るにつれて、ルイスとフェルナンドは、ついにリサイクルを始めた。リサイクルは労働者としてのプライドに反するからやらないと言っていた二人の余裕はそこにはない。リサイクルでは、ビン・カン・プラスティックを集め、毎朝五時から七時までの二時間の間に、三〇〜四〇ドル分の廃品を集める。週に平均して一五〇ドル前後、月にして六〇〇ドル前後、稼いでいる時期もあった。

ルイスは、このような仕事を続けたくないとも思っている。幾つかの仕事をみつけながら、それを併用して、彼は日雇い生活を続けている。

できることは何か

フェルナンド、ルイス、パポと仕事を待っていると、目の前に高級なセダンが停車した。これだけの高級車に乗っている雇い主の仕事は期待できる。早速、時給の交渉を始めた。

「仕事内容は何だ？　何人必要だ？」

「家の壁を塗り替える。その補助をしてほしい。一人でいい。」

「一二三ドルでどうだ？」

「わかった。」

相手の目を見ながら交渉をする。自然と、私の交渉テクニックも上達していた。すんなりと決まった。

気がかりなことがあった。路上で仕事待ちをしていると、この現場で誰がどれだけ仕事をしているかがわかってくる。行けなかった日の出来事も、次の日に現場に行くと自然と情報として入ってくる。一緒にいるパポがしばらくの間、仕事をしていないことはわかっていた。

そこで雇い主に「私は時間がないから、彼が仕事を引き受ける」と伝えた。パポに仕事をつないだ。パポは嬉しそうに仕事に出かけた。

翌日、パポが真っ先にやってきた。

「ありがとな。昨日の仕事、一時間で六〇ドルだったんだ。」

仕事を得るのに欠かせないのが、仕事内容や賃金の交渉をする基礎的な英語力だ。アメリカに来て間もない者であれば、母語のスペイン語しか話せない。常日頃からスペイン語を母語とする日雇い労働者の仲間たちと生活をしているので、アメリカに住んでいても、英語を話す機会がない。数年や一〇年近くアメリカに住んでも必要な英語を話すことのできない労働者が多い。パポも英語を苦手としている。

こうして、私は仕事の交渉役をつとめるようになった。仕事内容と時給の交渉を行い、労働者とのミスマッチを回避する。仕事内容の確認のやりとりで、雇い主として怪しいか、信頼できるかは、私のほうで判断した。そのことは日雇いでのリスクを避けることにもつながった。また、交渉に必要な英語表現を路上で仕事待ちをしているときに、英語が不十分な労働者に教えていくように心がけた。

私の試みが彼らの生活を一変させていった、ということを述べる気はない。目の前の交渉を一つ一つ仕事へとつないでいくことは、何もしないでただ傍観しているよりはよかった。

「お前は、自己中心主義的じゃないからいい。四〜五人で話をしていたら、皆が負けじと車に駆け寄って、自分を選んでもらおうとする。お前は違うな。」

雇い手のリスク

正式な業者を呼んで相応の費用を払うよりも、日雇い労働者は安価な賃金で済む。さらに、路上で仕事を待つ不法移民は、文句を言わない使い勝手のいい労働者だ。

その代わり、雇い主は大きなリスクを背負う。アメリカは、違法労働者の雇用を増加させないために、就労する権利や許可を持っていない労働者を雇用することを移民法で禁じている。

企業は、就労資格証明書を作成し、移民局に提出しない限り、新規で労働者を雇用することはできない。

企業が違法労働者を雇用した場合には、違法の程度にもよるが、違反者一人につき、最高で一万一〇〇〇ドルの罰金が科せられる。

雇い主に悪意や故意があるという場合には、最高六カ月の禁固刑を言い渡す刑事責任を追及されることもある。就労ビザや永住権のサポート権利の剝奪もあり、企業にとっては大きなリスクである。

そうであるがゆえに、日雇い労働現場に、大手企業の雇い主が現れることはない。ピックアップトラックに会社名が記載されている場合であっても、小規模な会社か個人で事業を営んでいる雇い主である。それ以外、大半の雇い主は、企業や個人事業主ではない、清掃や引っ越し、塗装など、自宅のメンテナンスに人手を借りたい住民たちだ。

うろつきの罰金

ルイスは朝八時にＵ－ＨＡＵＬの入り口付近で仕事待ちをしていた。その場には、四人が仕事待ちをしていた。すると、警官がやってきて、ルイスたちにチケットを渡す。「チケットにサインをするか、それとも、刑務所に入るか」、この二者択一の中で、彼らは四人ともチケットにサインをした。理由は、「うろつき(Loitering)」、ぶらぶらと歩き回っていることだ。

目的なしで公共の場をうろうろすること自体は、罪にはならない。麻薬の売買をするためにうろついているとみなされたり、窃盗や性犯罪目的でうろついているとみなされる場合には罪となる。

「うろつき禁止」の看板

レンタカーを借りる顧客の手伝いをするために店舗前をうろつく行為は、アメリカ国民ならば違反にはならない。この国にいること自体が法を犯している彼らを罰することはいとも簡単なことだ。

入り口の前の歩道で仕事を待っており、歩道は「パブリック」だから、このチケットはおかしい。「警察は俺たちをいたぶりたいだけさ」とバルバスは吐き捨てた。その後、場所を移してジョイヤと話をする。

ＵｰＨＡＵＬで仕事待ちをしているルイスの話になると、「俺は、ＵｰＨＡＵＬで待つことはできない。なぜなら、警察が来て、身元をチェックしたら、そのまま、刑務所に送り込まれるから」だという。

ジョイヤは、ここで仕事を待つぐらいしか駄目だ、ここなら、他の仲間もいるから、目立たない、ＵｰＨＡＵＬで少人数で仕事を待って、それが仕事を得る近道だとしても、リスクが大きすぎると述べた。

ジョイヤと二〇分ぐらい話をして、いつもの場所に戻る。仕事待ちをして四時間が経過した。一台も車が止まることはない。その間、メキシコ人のラウル、アントニオと話をする。アントニオが片言の英語で、「No Money, No Honey」を大声で何十回も繰り返している。

ラウルは家を六時三〇分に出て、ハースト通りに八時について、仕事を待ち続けている。一二時頃に、白人男性が歩いてきて、二人必要だという。その場には私を含めて三人の男がいたので、喜んで彼らに仕事を譲った。

三〇分も経たずに、ラウルとアントニオが戻ってきている。「もう、戻ってきたの。どんな仕事？」と尋ねると、荷物の搬入を手伝っただけだという。一〇分もかからない仕事で、一人一〇ドルを手にして帰ってきた。

アントニオは、朝八時から四時間待って、ようやく得た仕事が一〇ドルでおわって、落ち込んでいた。ハースト通りの歩道に座りこみ、溝に落ちている二五セント硬貨を取ろうとして、四苦八苦している。

二五セントを拾うことが彼にとって意味があるのではない。蓋の開かない溝に、草木で釣竿のような細工までして、その目的を達成しようとすることで、暇な時間をつぶすことができる。

仕事を待ち続けることは、いくら成功話を耳にしたとしても楽なことではない。仕事にたどり着くまでの待ち時間が長すぎる。ようやく仕事にありつけても、今回のように、一〇分でおわってしまうものや、時給八ドル前後で酷な肉体労働を強いる仕事もある。仕事の待ちの時間には、「仕事がない、仕事がない」というボヤキが多くなる。それを一緒に聞き続けていることだけでもモチベーションが下がってしまう。経済的な抑圧が、精神的な抑圧を直接的にもたらすわけではないが、仕事がないという時間を仲間と過ごすことで、しだいに、精神的にも参ってしまう空気が漂っている。

認識による分断

不法移民に好印象を抱く人はいない。不法に滞在する一人ひとりが、どんな人柄であるかは問題ではない。不法移民は、法を犯して滞在する犯罪者として煙たがられる。

「不法移民のせいで犯罪が増え、治安が悪化する。医療費補助や教育費の負担は増加し、アメリカ国民の仕事も奪うだろう。テロ事件を起こす潜在的なリスクだって高まるだろう。」

あるとき、この言葉を聞いて、私はショックを受けた。というのも、それがバークレーのロースクールに通う友人のケビンの言葉だったからだ。

ケビンは、バークレーのジムで開催されるバスケットボールリーグに参戦していたときのチームメートで、予選リーグを勝ち上がるための戦略をカフェで良く話し込んだ。ケビンの不法移民のイメージは、アメリカ人が平均的に抱くイメージである。

しかし、この認識はハースト通りで仕事を待つ男たちにはあてはまらない。男たちはアメリカ国民の仕事を奪っているわけではない。アメリカ国民の仕事としては零れ落ちる類の仕事を見つけ出し、手伝いをしている。テロを起こし、アメリカ社会にダメージを与えるような集合的な攻撃性を育ててはいない。

ケビンに私がハースト通りで日雇いをしていることを明かし、一緒に仕事待ちをする男たちとケビンの認識にはズレがあるということを伝えた。

「いいか。九・一一テロ以降のアメリカは、危険因子に敏感だ。今は、文句を言わずに暮らしているかもしれないが、何をしでかすかわからない。奴らのせいで犯罪が増えているのは事実だ。」

ケビンは私の言葉を聞き入れようとはしない。アメリカ社会が孕む分断は、心の奥底にある個々の不安を払しょくするための自己防衛的な正当化によって根強く維持され続ける。

「国へ帰れ！」

「男たちがいきなり殴りかかってきた。彼らが仕事待ちをしているのは私には関係ない。毎日、朝六時半から夕方四時まで彼らがいる。その間、彼らは酒を飲んで、騒ぎ、空き缶や空き瓶を捨てていく。小便も玄関前に平気でする。警察に通報して、ひと時はいなくなるが、そのあと、湧き出てくる。もう三年はこの状態が続いている。ここは彼らの仕事場じゃない。私たちの生活場所だ。彼らの声が聞こえてくると、頭が痛くなる。ノイローゼになりそうだ。ここで仕事待ちをしてはいけない。法律で禁止されている。国へ帰れ。」

この路上で問題になったのは、日雇い現場近くにある大型材木店に訪れる客への仕事交渉の直接行動へのクレームである。材木を購入して店から出ていこうとする車を何人かで囲むようにしてとめ、仕事の交渉を始める。顧客からクレームを受けた経営者は、そうした行為を禁止するように、警察に通報したり、この集団そのものを移動させるように市役所のほうに要望書を提出した。

地域住民からクレームが出たのは、路上で長時間仕事を待つ労働者の排尿をめぐる公衆衛生上の問題である。住民たちは、簡易トイレを設置するように市役所に要望書を提出した。しかしながら、市長や市議員は不法で仕事を待つ日雇い労働者に対して、「税金を使い新たに施設を設けることはできない」と返答した。

このように断続的に寄せられる問題に対して、市議会は、不法滞在日雇い労働者への教育プログラム、職業トレーニング、家族サポート、定期健康診断等の総合的な生活改善支援を提供するようにＮＰＯに要請した。それを受けたＮＰＯ団体は、ネットを通した職業斡旋や無料で昼食を提供する支援をはじめた。また、定期的に、日雇い労働者を集めたサッカー大会やバーベキューなどの食事会を開催し、労働者の支援を深めていった。

毎週金曜日のセントポール教会での無料昼食サービス時に、生活状況に関する意見交換が行われるものの、経済的・社会的貧窮状態には、改善はみられない。

ＮＰＯ団体が雇い主と労働者をつなぐ連絡係として懸け橋的な役割を一時的に担い、仕事斡旋の媒介役を務めるが、一五〇名を超える日雇い労働者に対して、提供される仕事数は、二〜

三名という少数の労働者に紹介した程度のものであった。日雇い労働者の社会的境遇に関する改善はみられるものの、仕事を提供する機会などは増えることはなく、経済的困窮はより一層ひどくなっている。

被害者か、犯罪者か

五五歳のマルティネスが夜間にサンパブロ通りを歩いていると、二〇代後半の黒人三人組に襲われた。マルティネスは右腕と鼻の骨を折る怪我を負った。

マルティネスに落ち度はない。奇襲の目的は金銭や所持品の強奪ではなく、身体的に危害を加えることにあったという。若年の黒人男性たちは、路上で日雇い労働者を襲うことをゲームのように楽しんでいる。

マルティネスの傷を労り、午後四時頃、公園で仲間の労働者がつくってくれたタコスを頬ばっているときに、オフロード用に頑丈かつ軽量に改良されたマウンテンバイクにのった二人組の警察官がわれわれのもとへとやってきた。

そのとき、マルティネスは左手で五〇〇ミリリットルのビールを飲んでいた。警官の一人がマルティネスのもとへと歩み寄り、チケットを取り出した。

マルティネスの名前と住所（野宿生活をしているので不定ではあるが）等を記入し、公共の場での飲酒のため、二二〇ドルの罰金をあたえた。二二〇ドルの罰金は、大きな痛手である。マルティネスに二二〇ドルという高額の罰金を支払う金銭的余裕はない。他の者たちは、紙袋やごみ箱の裏にビールを隠すように飲んでいたため、罰金を食らうことはなかった。

その光景をみていたバルバスが声を荒げた。

「仕事もない俺らから何で金を奪うんだ。警官の奴らも、ほっといてくれればいい。マルティネスは黒人にやられたんだぞ。骨を折っても何もしないのに。警官は必要とするときに力にはなってくれず、余計なことばかりする。」

強制撤去された寝床

高架下の空地で野宿生活をしていた労働者の所有物である毛布等の寝具や食事用の簡易コンロ等を撤去させる撤去通告が通達された。その後、男たちはその通達を無視して、ハースト通りで仕事待ちをしていた。夕方になり、寝床に戻ると綺麗に片付けられていた。男たちの日常生活品が除去されていた。

「この橋の下で寝ることも許されない。俺たちは動物以下の扱いなんだ。」

とルイスが寂しそうに呟いた。

宿泊施設を提供するなどの具体的な対応策もなかったため、寝床を数日間はアクアティックパークの木々の間へと移していた。しばらくして、高架道の下へと戻ってきた。高架道の下の寝床は、雨よけができる。

野宿生活をする日雇い労働者の生活圏は、基本的に徒歩で移動できる地理的範囲になる。バスや高架鉄道などを利用することも可能であるが、毎日数ドルの移動の経費がかかることは避けている。

跡形もなく撤去された寝床

彼らと一緒に出歩くようになって何度も遭遇したのが、彼らの存在に対する社会蔑視である。すれ違い様や道路の反対側の歩道から肌の色や塗装、建設作業現場での汚れたままの服装や傷んだ靴などの外見的な汚らしさに対して暴力的な言葉が投げかけられる。そうした発言に対して、日雇い労働者たちは言い返すこともない。

買い出しの途中、中年の白人女性とすれ違った。

「邪魔だよ。ゴミ人間。」

とその女性は吐き捨てた。私を含めて六人の日雇い労働者が、歩道を占有するように歩いていたことに腹を立てたようであった。

その際にも、言い返すようなこともなく、ペドロが「いいんだよ。ほっとけば。俺らはブラウンカラーだから、仕方ないのさ」と小声で話した。こんなところから、アメリカ社会で生きていくことの内実がうかがいしれる。

ブラウンカラーとは、南米系の特有の茶褐色の肌色を示す視覚的なカテゴリーとしてだけでなく、ホワイトカラーやブルーカラーといった職種によるカテゴリーとは異なる社会蔑視を内包した新たな社会階層区分を表す言葉として、生活空間のなかに認知されつつある。

野宿生活をする日雇い労働者に宿泊場所を提供することや、職業機会や食事の提供など総合的な社会的支援を提供していくことによる生活環境の改善が求められている。それと同時に、彼らの社会的存在に日々浴びせられる社会的差別や蔑視の現状を直視していかねばならない。

路上での取り調べ

午前一一時過ぎに、フェルナンドから電話がなった。朝からフライングディスク拾いをして、その後、アクアティックパークにいるという。バークレー図書館での調べ物を切り上げ、午後一時にフェルナンドと合流した。

「買い出しだ。俺の奢りだ。」

二人でインド人が経営する酒屋に歩いて向かった。フェルナンドはご機嫌だった。それもそのはず、フェルナンドは、午前中に二〇枚のフライングディスクをまとめて売り、六〇ドルを手にしていた。一五枚のフライングディスクを午前中に拾った。

フライングディスク売りは収益性が高い。フライングディスク売りで一カ月平均八〇〇ドル近く稼いでいる。

その後、アクアティックパークに戻ってきて、白人のリッチ、黒人のサイヤ、フェルナンドと私の四人でビールを飲み始める。サイヤ以外の三人がビール缶を開けて、一口、二口飲んでいるところに、白人の警官が自転車で私たちのもとに近づいてきた。いつもこのあたりを巡回している警官で、この間に何度も顔を見かけている。前回は、一〇人ほどでいたとき、一人に「公共の場での飲酒」での罰金チケットが与えられた。

いつもよりこの警官が真剣な顔付きであるのが、わかる。ベンチに腰かけていたリッチは膝の上でマリファナを広げ、吸引する準備をしていた。この警官は、リッチにＩＤを見せるようにといった。リッチはカリフォルニア州の運転免許を提示した。次に、医療用マリファナであることを証明するカードを提示するように求めた。

リッチは、医療用マリファナの専用容器と、医療用マリファナの証明書を提示した。警官がそれを確認すると、ポケットから罰金用の書類を出した。リッチに「これはマリファナの吸引によるものではなくて、公共の場での飲酒によるものだ」ということを伝えた。それから、リッチのファーストネーム、ファミリーネーム、現住所、身長、体重を聞いていく。リッチは、以前私に話した時にはアパートに滞在していると述べていたが、この時は「ホームレス」だと答えて、郵便局にある荷物保管ボックスの住所を答えていた。

次にフェルナンドにＩＤを提示するように求めた。フェルナンドは、ＩＤを持っていない、ホームレスだと答えた。警官がほんとうに、フェルナンドがＩＤを持っていないのか再度確認する。フェルナンドが曖昧な反応を示すと、警官が身体検査をはじめた。フェルナンドのポケットからは、数百ドル分の札束と、財布が取り出された。財布には、カリフォルニア州の運転免許が入っていた。警官はフェルナンドがＩＤを持っていないと嘘をついたことに、腹を立てた。「いいか、ここにいるお前たちの全員の身元が確認できるまで、一歩も動くな。いいか」と強い口調で言葉を発した。

それから、フェルナンドの身元を本部へと確認している最中に、何度も何度も、「Probation(保護観察中)か」ということを疑ってかかった。

「保護観察中であれば、今からお前を刑務所に連れていくからな。」

「問題ない。俺はクリーンだ。」とフェルナンドが返答している。

それから数分後、本部から「ネガティブ」という結果が返ってきた。フェルナンドは、保護観察中でもなければ、違反チケット等の未払いもない。フェルナンドは、三カ月前に、「公共の場での飲酒」でチケットを貰ったあと、裁判所に出頭し、六時間のゴミ拾いのコミュニティサービスを行っていた。

フェルナンドへの身元確認が終わると、次は、サイヤである。サイヤはTシャツも脱いでいた。鍛え上げた肉体をみせたいのか、いつも上半身裸だった。身長も一九〇センチメートル近くある黒人である。

サイヤは、フェルナンドからビールを貰っていたが、まだ缶を開けていなかった。ビール用の紙コップに五〇〇ミリリットルのビール缶を入れて、話をしていただけであった。警官が駆けつけてくるのがあと一〇分でもあとであれば、サイヤもビールを飲んでいたであろう。そのとき飲酒はしていなかった。

にもかかわらず、サイヤに身分証の提示と身元確認が始まった。サイヤはＩＤを携帯していなかった。サイヤは警官に、名前、住所、年齢、身長、体重を伝え、リッチとフェルナンドと同じくチケットを貰った。サイヤは当然の如く、「俺は飲んでいない」と警官に伝えた。それは事実であった。

隣に座っていたサイヤは、その憤りをおさえるために、必死な様子であった。飲酒はしていないが、ここで必要以上に抵抗すれば、その他の理由で刑務所にぶちこまれる可能性があることは、サイヤも十分に承知の上であった。この状況でサイヤが潔白を主張することはチケットによる罰金以上のリスクを被ることになるのである。

ちょうどその時、大型の白バイに乗った女性警官が無線のやりとりを聞いて、駆けつけてきた。男性警官は、ここは大丈夫だとその女性警官に伝えた。女性警官は、数分様子を見守って、その場を去った。

警官が私にＩＤの提出を求めた。面倒なことになったが、もちろん、応じるしかない。パス

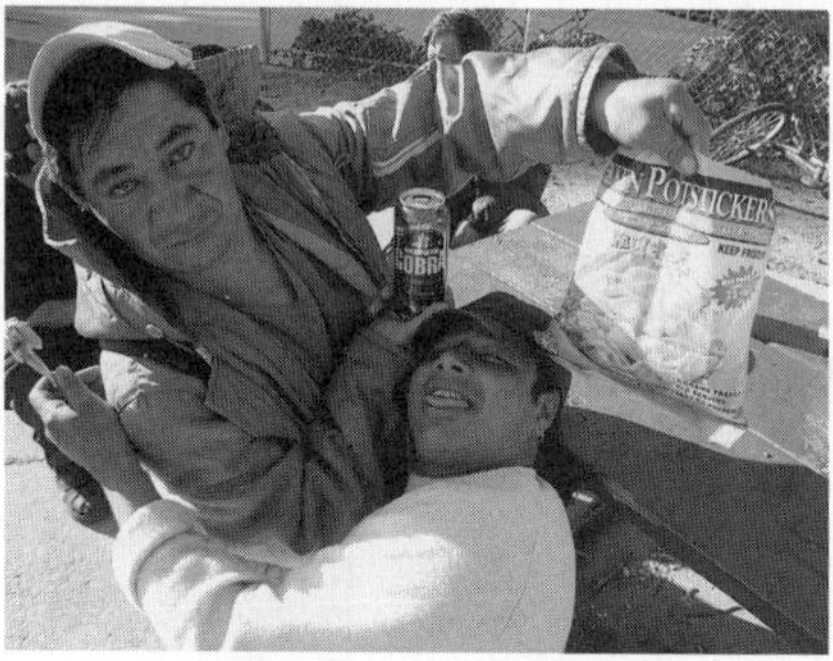

収監される直前の昼食

ポートも、カリフォルニア州の運転免許証も携帯していなかったため、カリフォルニア大学バークレー校に通う教職員、学生が持っているIDを警官にみせた。その後、他の三人と同じく、名前、住所、生年月日、身長、体重を聞かれ、罰金チケットが手渡された。

不法に滞在している身分では、警察の行為に対して、たとえそれが差別的な取り調べ行為や不法な捜査であっても、誰も路上で声をあげることができない。そのまま、刑務所に拘留されることにも従うしか道がないのである。

その場は罰金チケットで済んだ。刑務所に連行される者はでなかった。それから二日後のことだ。マリファナを吸引してハイになった状態で飲酒運転をしていたルイスが、Uターンしたところを警察車両に追跡された。

警察がルイスに職務質問を始めたところ、スペイン語で「こんな奴らを相手にしていないで、はやく、クラックやろうぜ」と言ったが、スペイン語も理解できるバイリンガルの警官はそれを聞き逃さなかった。

これまで、公共の場での飲酒、窃盗、路上徘徊行為などで何度も刑務所にぶちこまれたことがあるルイスは、飲酒・マリファナ吸引で再び、刑務所へと送り込まれた。

「三食飯付きだ。ちょっと、行ってくるな。またな。」

刑務所に収監されることはルイスにとって日常の一コマなのだ。

第6章　刑罰国家を生きる

フェルナンド(左)とパポ(右)，筆者

地元住民から罵られ、そこに佇むことも許されず、警察に通報される。ハースト通りの日々は、入国前に思い描いたアメリカ生活とはかけ離れたシビアなものだ。出稼ぎに来た労働者の九割以上が何らかの罪で現行犯逮捕され、刑務所に留置された経験を持つ。職歴は増えずに、犯罪歴だけが重なっていく。

こうした状況を生み出す社会的な動態を捉えてみたい。そのために、ハースト通りの労働者をとりまく社会的境遇を俯瞰的な視座から明らかにしていく。

不法移民の動向

ハースト通りで仕事待ちをしていた労働者の九割が、メキシコ出身である。残りの一割が他の南米諸国からの労働者であった。ハースト通りからアメリカ全体へと視野を広げてみる。ハースト通りは、住宅街の空隙に生まれた不法移民の仕事場に過ぎないが、この仕事場は国境を越えて不法に滞在する移民たちの縮図なのだ。

アメリカに生活する不法移民の内訳は、約半数を占めるのがメキシコ出身で五八五万人、次に多いのがエルサルバドル出身で七〇万人、グアテマラ出身が五三万人、ホンジュラス出身が三五万人である。

メキシコからの不法移民がその大半を占めている。けれども、その数は年々微減している。一方で、国内の治安悪化がみられるエルサルバドル、グアテマラ、ホンジュラスの中米三カ国からの不法移民が増えている。

不法移民＝メキシコ出身ではない。また、中南米諸国からの移民に限られたものではない。インド出身の五〇万人と中国出身の三三万人が正規滞在資格を持たずにアメリカで暮らしている。

陸続きでないアジア諸国からの不法移民は、合法的なビザを得てアメリカに入国し、その後、ビザの有効期限を越えて滞在しているケースが大半である。このことからしても不法移民それ自体を一枚岩であるかのようにカテゴライズすることはできない。

不法移民の数は、ニューヨーク大都市圏、ロサンゼルス大都市圏に次ぐ約九二〇万人のシカゴ大都市圏をも凌ぐ人口規模であり、国内総人口の四％に相当する。そのうち、三分の二が、カリフォルニア州(二四％)、テキサス州(一四％)、フロリダ州(九％)、ニューヨーク州(七％)、アリゾナ州(五％)、イリノイ州(四％)、ニュージャージー州(四％)、ノースカロライナ州(三％)の八州に居住している(the Census Bureau)。

表1　出身国別のアメリカへの不法移民

（1000人）

	2014	2009
メキシコ	5,850	6,350
エルサルバドル	700	650
グアテマラ	525	475
インド	500	350
ホンジュラス	350	325
中国	325	300
フィリピン	180	180
韓国	160	180
エクアドル	130	140
コロンビア	130	150
ペルー	100	120
ハイチ	100	85
ブラジル	100	140
カナダ	100	95
アメリカ全体	11,100	11,300

出所：http://www.pewhispanic.org/2016/09/20/1-birth-regions-and-nations/

近年は、ニューヨーク、ロサンゼルス、ヒューストンを始め、大都市圏で生活している不法移民が増加している。その人口と比例して、不法移民の日雇い労働現場は、ロサンゼルス、ニューヨーク、シカゴ、サンフランシスコなどのアメリカ大都市部でとくに顕著である。非正規移民の約四分の三（七六％）にあたるのが、ヒスパニック系移民である。テキサス州の一四五万人、フロリダ州の一〇五万人を凌いで、カリフォルニア州には二七〇万人が居住している。二五歳から六四歳までの正規滞在許可を持たない移民のなかで、四七％が高校卒業資格を持たない。聞く、話す、書くといった英語力が乏しい男たちも多く生活している。

国土安全保障省によると、五三％が男性で、四七％が女性である。二五％が二四歳以下で、二五歳から四四歳までが五九％、四五歳以上が一五％を占めている。正規滞在移民の比率が男性四八％、女性五二％であるのと比較すると、非正規滞在移民の男性比率が顕著に高い

図2　不法移民の多いアメリカの20都市(2014年)
出所：http://www.pewresearch.org/fact-tank/2017/02/09/us-metro-areas-unauthorized-immigrants/

(Fry 二〇〇六)。

このうち、男性の場合は、仕事を求めてアメリカに入ってきた労働者が大半を占め、女性は労働目的の場合もあるが、子供や家族の世話という役割もある。

中南米からの移民は、温暖な気候のカリフォルニア州を筆頭に、メキシコとの国境沿いのテキサス州やアリゾナ州に移り住んでいた。その多くは、農場の作業員として働いてきた。路上で日雇い待ちをする労働者は、事務所・住宅の清掃作業、建設現場の作業員、レストランの皿洗いなど、都市で必要とされる労働を補填してきたのである。

六六%の不法移民が一〇年以上アメリカで生活をしている。ここ数年は、メキシコ出身の不法移民の数が年々減少している。

エイブラハム・リンカーン、フランクリン・ルーズベルト、ジョン・F・ケネディといった歴代のアメリカ大統領がアメリカは「移民の国」だと述べてきたが、移民という言葉の内実を、われわれは取り違えてはならない。

本書で見てきたようにその実態とは、滞在資格を持つ正規移民と、滞在資格を持たない非正規移民からなる移民国家なのである。どちらの移民もアメリカを支えている。

社会的周縁の底辺

そうであるので、不法移民のみを特別な移民カテゴリーとして捉えるのではなく、アメリカ社会においていかなる社会層に位置づく社会集団であるかを捉えておく必要がある。知られるように、アメリカ社会では、貧困地区での長期失業や低所得者層など、古くからその社会的存在が問題視されてきた。

一九七〇年代以降のアメリカ貧困地区では、製造業の衰退とサービス産業の隆盛という産業構造の急激な変化に対応しきれない社会層が、従来の社会上昇の機会を奪われる形でより深刻な階層分化の底辺層を形成し、社会的周縁層が再び古くて新しい問題として浮上した。

それらの背景にあるのが、社会的周縁層を構造的に生み出す社会的メカニズムだ。一九七〇年代後半以降、資本蓄積のための新たな市場開拓を狙った共有財産の民営化、公共部門(公益事業・公営住宅等）の規制緩和、社会福祉事業からの国家の撤退、といった現象に代表される新自由主義レジームが、グローバルな資本主義の論理に適合する支配的な言説様式として瞬く間に大多数の国家の政治・経済システムを凌駕していった。

経路・形態・強度には偏差があるものの新自由主義国家政策は、英国やアメリカにとどまらず、社会民主主義的福祉国家として存立していたニュージーランドやスウェーデン、アパルトヘイト体制崩壊後の南アフリカ共和国や中国においても受け入れられることになった。

というのも、新自由主義は、第一に、地理的不均等発展の度合いがより激しく不安定になるなか、ある地域・都市・国家が、他の地域を犠牲にして目覚しい発展を遂げたこと、第二に、上層階級の観点からは多大な利益をもたらしてきた（Harvey 二〇〇五＝二〇〇七）ことからグローバルな状況で賞賛されてきたからである。

国家は、ひとたび新自由主義化すると「上層階級から下層階級への「埋め込まれた自由主義」時代の流れを逆転させるような再分配政策の主要な担い手」（Harvey 同上）となり、「低賃金使い捨て労働者」「不安定労働者」「失業者」を多量に生み出し、社会階層の底辺に位置する人々の労働環境・条件を悪化させる。

一九八〇年代から九〇年代にかけて、新自由主義の弊害は、労働市場の再編・分割による多量な失業者を構造的に生み出していくという社会的排除を社会問題化した。「社会的排除」という概念は、九〇年代初期以降にはイギリスで用いられるようになり、野宿生活者、シングルマザー、単身高齢生活者、若年失業層にアプローチし、従来の「労働からの排除」ではなく、「労働の現場の手前あるいは外部での生活を強いられる社会からの排除」に着目し、とくに、社会的排除を生み出すプロセスに関心が寄せられた。

こうして新自由主義体制が加速させた現代社会の構造的・経済的変化の結果生み出された、従来の社会保障制度では対応できない社会層に対して、イギリス・フランスでは、社会的排除論、アメリカでは、社会的周縁層という概念を用いて検討が加えられてきた。

欧米において社会的歴史的文脈は異なるものの、それぞれ別の概念でもって、同時代的に新たな社会的不平等が問題視されている経緯は注目に値する。

わが国においても、野宿者・単身女性親世帯・外国人労働者ら〈貧者〉の社会的排除が問題視された。いわば、「新たな貧困層」を生み出す社会的メカニズムの過程を捉えることに社会的排除論は用いられてきた。社会的排除論は、当事者の生活世界をとりまく巧妙な排除のプロセスを可視化するのに有効な視点を提起した。社会的排除論は、「新たな貧困層・周縁層」が工業化からポスト工業化社会への移行にともなう産業構造・就職機会構造の変化によって生み出されてきたことを前提にしているといえる。

この変化は同化と結合を基調とする社会から、分離と排除を基調とする社会への移行であり、「包摂型社会から排除型社会」(Young 一九九九＝二〇〇七)と共鳴する。包摂型社会から排除型社会への移行には、①労働市場の解体がともない、それにより、②相対的剝奪感が先鋭化される。ヤングは、市場の力が労働市場の変容だけでなく、③新たなライフスタイルからなる消費型世界を作り出し、個人主義が社会全体に浸透化されることと、犯罪が結びついていることを指摘する。新自由主義国家は、持たざる者たちの労働機会・条件・環境の劣悪化のみならず、彼らの生活をも破壊する。

ヴァカンは、そこで従来の社会的周縁層から「先進的周縁層」という概念を提起し、アメリカとフランスの貧困地区の社会的排除の状況について、(一)プロレタリアートからプレカリアートへの労働者階級の不安定層化、(二)フレキシブルな労働体系に伴う社会不安と生活不安の増大、(三)マクロ経済動向からの機能的離脱、(四)後背地の「喪失」、(五)空間的疎外と「場」の「崩壊」、(六)領域的固定化とスティグマ化(社会的制度への不十分なアクセスや精神的な面でネガティブな烙印を押される状態が強制される)の六点に特徴づけられるとする(Wacquant 二〇〇八a)。

アメリカの正規市場の外部で、路上で仕事を待つ労働者は、この先進的周縁層の底辺に位置づき日々を過ごしている。

刑罰の強化

トランプ大統領は、就任一〇〇日の間に、環太平洋パートナーシップ(TPP)協定からの離脱や、医療保険制度改革(オバマケア)の代替法案の採決をすすめる大統領令を発令してきた。大統領令は合衆国憲法や連邦法に従わなければならないが、議会の承認を必要としない。即座に施行できるところが重要な特徴である。

「国益のための移民法執行」と題された国土安全保障省の文言によれば、「法の執行対象となりうる送還可能な外国人に関し、今後は階級や分類などで免除しない」とされ、すべての不法滞在者が強制送還の対象となることが明記された。

オバマ前政権下では、不法移民であっても重罪に問われることはなく、強制送還された数も抑制されていた。オバマ前米大統領が出した移民に関する大統領令と指針のすべてを取り下げ、不法移民の取締りの強化と厳格化を実行している。

アメリカ社会は周縁層への処罰を強めている。その結果、刑務所、留置所、少年院、更生施設、移民収容施設等の収監人口が激増している。刑務所関連施設の収監人口は、一九八〇年代以降、レーガン大統領が新自由主義政策を推し進める時代と併走するように激増している。この大量収監とともに、国家プロジェクトとして行われたのが、監獄建設であった。

刑務所関連に収監されている人口は、全世界的にみると九〇〇万人ほどであり、その二割を超える二〇〇万人以上がアメリカで収監されている。

アメリカ最大の収監人口を抱えるカリフォルニア州では、一〇〇年以上をかけて九つの監獄が建設されてきたのに対して、一九八四年から八九年の五年間に、新たに九つの監獄が開設された(Davis　一九九〇＝二〇〇八)。監獄建設の急増は、監獄が不況の影響を受けにくく、公害も出さない新たな産業であるからである。

大量収監を制度的に支える監獄の建設それ自体が、新規産業として地域再生の一端を担い、建設後も監獄施設に勤務する従事者等を含めて、監獄・産業複合体(Prison Industrial Complex)を形成し、その後も、維持してきた。

監獄・産業複合体とは、監獄関係者、多国籍企業、巨大メディア、看守組合、議会・裁判所などが相互に共生関係にある複合体である。それゆえに、監獄・産業複合体という概念について、「懲罰を個別の犯罪行為や「犯罪抑制」効果との関係で近視眼的に捉えるのではなくて、経済的・政治的構造やイデオロギーを考慮に入れて理解すべきである」(Davis　一九九〇＝二〇〇八)。

世界第一の経済大国であるアメリカの第三の巨大産業として懲罰産業は拡大成長を続けている。

懲罰産業による統制

一九七〇年代以降のアメリカの福祉政策からワークフェアへの政策転換は、政府の社会福祉部門の役割を減少化させ、刑罰・懲罰部門の役割の拡大をもたらした。この転換の背景には、アメリカの四つの特異な諸制度(peculiar institution)、①奴隷制(一六一九―一八六五)、②ジム・クロウ(南部、一八六五―一九六五)、③ゲットー(北部都市周縁部、一九一五―一九六八)、④ハイパー・ゲットー(一九六八―現在)の歴史的経緯が関連している。

とくに、七〇年代以降のアメリカ監獄収監人口の歴史的な激増についてみると、地方刑務所は一九七五年の一三万八八〇〇人から二五年間に約四・五倍膨れ上がり、二〇〇〇年には六二万一一四九人が収監されている。連邦刑務所の収監人口は、一九七五年の二四万五九三人から約五・四倍になり、二〇〇〇年には一三二万七一一〇人となっている。

この刑罰国家化の道程には、六〇年代以降の、①貧困撲滅戦争(War on Poverty)、②犯罪撲滅戦争（War on Crime）、③麻薬撲滅戦争（War on Drugs）、④不法移民撲滅戦争（War on Illegals）、⑤「テロ」撲滅戦争（War on Terror）といった国内政策が関連している。こうした国家キャンペーンが貧困層の救済・社会福祉の再整備、刑罰国家化、新自由主義体制との連動、〈異質な他者〉の処罰化、監獄化社会の生成とともに、その社会的帰結として刑罰施設収監人口を激増させてきた。

先進的周縁層の形成や領域的スティグマ化による社会的排除は、人々の日々の生活行為によって〈下〉から再生産されるものである（Wacquant 二〇〇八 a）。これらを強力にかつ徹底的に〈上〉から推し進めるのが、新自由主義国家体制であり、その新自由主義国家体制を刑罰国家へとドリフトさせていくアメリカの動向なのだ。ここで再確認しておくべき歴史的な変化として、次の三点をあげておこう。

第一に、都市滞留層の激増である。とくに、一九七〇年中期以降にアメリカでみられるのは、フォード主義の衰退にともなう安定的賃金労働者の減少とそれに反比例して激増した不安定賃金労働者である。不安定層の増加は、第二に、社会的精神的不安の上昇と蔓延を引き起こす。第三に、グローバルな資本と労働の流動化である。これらの問題は、生起時期や程度の差はあれ、ヴァカンも指摘するように、先進諸国において共通にみられる歴史的変化であり、近年、わが国でも議論されている問題群である。

これらの社会的歴史的変化の生産・再生産の駆動要因となっているのが、新自由主義政策下における国家の経済的義務の縮小であり、警察・司法・矯正政策の連動による刑罰体制の強化である。

七〇年代後半以降の刑罰化の歴史的変化を的確に捉えたヴァカンの議論を参照することで、新自由主義論について以下のようにまとめることができる。

新自由主義経済体制下での刑罰国家論は、第一に、一方で、従来の新自由主義国家論(デヴィッド・ハーヴェイ)が、刑罰国家形成の歴史的過程ならびに刑罰国家の現況を看過しており、他方で、排除型社会論(ジョック・ヤング)が、近代から後期近代への社会的移行をめぐって新自由主義への政策的転換への視点を欠いていることを問題視している。

第二に、新自由主義国家の政策展開により、「貧者を調整・統制すること」から「貧者を処罰すること」へと国家が刑罰化転回を遂げていく。それは歴史的にみると、「社会福祉―ワークフェア―刑罰励行」への劇的な移行にあることを警鐘している。

現代刑罰国家では、社会福祉政策と刑罰政策が、周縁層に対する実践的な施策の両輪として機能する。一方では、失業者、窮乏者、シングルマザー、「要支援者」たちを、雇用の周縁部分へと追いやるための矯正プログラムが提起され、他方では、大都市部の貧困地区で警察機能が拡大され、より目の細かくなった刑罰網が敷かれている。新自由主義時代において国家の「左手」と「右手」が巧妙に結びつき、「貧者」は二重に統制される。それにより、国家の(再)男性化の傾向は強化され、現代刑罰国家が自明のものとして君臨しつつある。「生きられる実験室」としてのアメリカ版刑罰国家のグローバル化に対して、的確な距離を示しつつ、この国の新自由主義の再検証を行なっていくことがわれわれに与えられた課題であるといえよう。

デイヴィスは、アメリカの監獄制度廃止に対して明確な提言をしている。具体的には、飲酒を非犯罪化した歴史的事例を参考にし、監獄に送りこまれる人口の劇的な削減を効果的にもたらすために、麻薬と売春の非犯罪化を提唱している(Davis 一九九〇＝二〇〇八)。

非正規滞在者の留置所や裁判所への拘留を廃止、福祉プログラム解体への対案としての生活賃金保障や地域基盤のレクリエーションセンターの増設などを提唱している。

ここ数十年の先進諸国における新自由主義の支配的趨勢と刑罰政策との密接な結びつきは次の六点にまとめられる。①都市的な異質性への厳格な処罰、②厳罰体制への法改正と犯罪監視装置の配備、③メディアや専門家による都市不安へのデマゴギー、④都市周縁層のスティグマ化、⑤刑務所等矯正施設の民営化、⑥警察組織の拡大と強化(Wacquant 二〇〇八a)である。

都市不安を専門家が煽り、一般市民がこれらの言説を受容し過熱化させ、とくに、都市部でみられる周縁層——若年失業者、路上生活者、ドラッグ中毒者、路上売春婦等を監視し、処罰していくという傾向がアメリカのみならず、先進諸国においてグローバルな社会動向として確認される。都市部に浮遊する周縁層に対するスティグマ化は、とりわけ、新しい問題というわけでない。

懲罰産業が経済的な中心へと躍り出るのは、八〇年代以降から九〇年代後半にかけてである。その大きな動力源となったのは、第一に、資本主義のグローバル化と脱工業化によって生じた膨大な剰余人口の福祉対象化に伴う「福祉改革」、第二に、国営サービスの民営化と株式会社化に代表される新自由主義路線の貫徹化、第三に、ケーブルテレビや、テレビニュース、ドキュメンタリーチャンネルにおける犯罪関連プログラムを通じた犯罪文化的なモーメントであった。

収監人口の激増や短期間での監獄建設等は、社会的な関心・問題事項として話題に上る。けれども、通常、収監された者や監獄内での様相について、多くの人々は直接的な見識を持たない。その際に、少なくない影響を及ぼしているのが、犯罪(ドラッグ抗争、ギャング間抗争、レイプ等性犯罪等)ドラマや、収監後の監獄内の日常を取り上げるドキュメンタリーなどのメディアプログラムである。

刑罰や犯罪に関連するテレビドラマは、「Lockup」「Cops」「Law & Order」「CSI」「N.Y.P.D.」「NCIS」「Prison Break」等、多数あげられる。これらのテレビプログラムがグローバルなテレビコンテンツとして消費されることで、犯罪と処罰が日常生活の中に受容されていく。

われわれが理解しなければならないことは、トランプ体制になって、不法移民を対象とした厳罰化が可視化されただけであって、不法移民を含む社会的弱者に対する刑罰でのコントロールは、段階的に、着実に固めあげられてきたという刑罰国家化するアメリカの道程である。

それゆえに不法移民の社会的境遇を捉えるときに、アメリカ国家の刑罰化を洞察する必要がある。

刑罰体制の有効性についてヴァカンは、(一)インフォーマル経済への労働力流入の抑止、(二)見捨てられ人の強制収容、(三)刑罰部門に関する日常生活領野での国家的役割の再強化があると指摘する(Wacquant 二〇〇八b)。

このようにアメリカ国家が、経済的貧窮層の社会的排除ではなく、社会権利的・社会存在的に深刻な状況におかれている〈脆弱な貧者〉を処罰していく〈監視社会から監獄化社会〉への社会的変化をすすめる中で、不法移民の生が以前にもまして脅やかされるようになった。

厳罰化の行方

国境を乗り越えていく不法移民、その不法移民を取り締まる国境警備隊の監視、アメリカとメキシコで離れ離れに暮らす家族が国境の壁に寄り添い会話をする姿など、トランプ体制になり、不法移民のニュースが報道される機会も増えている。

トランプ大統領による不法移民の厳罰化は、本人が思い描いていたスピード感ではすすんでいない。司法機関がブレーキをかけている。トランプ大統領は、入国管理を強化し、「聖域都市」と呼ばれる不法移民に寛容な都市への連邦補助金を停止させる大統領令(一三七六八号)に署名した。

二〇一七年一月二七日には、大統領令(一三七六九号)「入国禁止令」で、シリア、イラク、イラン、リビア、ソマリア、スーダン、イエメンの七カ国の国籍を有する者の入国を九〇日間、難民の受け入れを一二〇日間、停止することを明記した。

この大統領令は、シアトル連邦地裁による一時差し止めと、それを不服としたトランプ政権による一時差し止め決定の取り消しの申し立てをサンフランシスコ連邦控訴裁判所が棄却したことで、三月六日には入国制限に関する大統領令自体が撤回され、修正版の大統領令が発令された。

フランスの哲学者であるミシェル・フーコーの次の指摘は、今日のアメリカ社会の監獄化する動向を、遠い昔に示唆していたかのようだ。

犯罪行為が生まれるのは、周辺部においてではなく、たびかさなる追放状態の結果によってでもなく、それはますます緊密な組込み［非行性を社会の内部へと組込むこと］のせいであり、あいかわらずいっそう執拗な監視のせいであり、規律・訓練を旨とする各種の強制の累積によってである。（中略）監禁的なるものは、規律・訓練をおこなう技術的権力を《合法化する》ように、処罰をおこなう法律的権力を《自然なものにする》（Foucault 一九七五＝一九七七）。

不法移民である彼らの日常からうかがえるアメリカ社会は、芳しくない方向へと暴走し続けている。少なくとも、不法移民を強制送還させるという宣言は、正規滞在資格を保持せずにアメリカで生活する移民を心理的に追い詰めていく。

それではここまで見てきた俯瞰視座から、ハースト通りの路上視点へと戻っていくことにしよう。

カルロスの苛立ち

「よく聞け。お前の住んでいる世界と俺らがいるところは別世界だ。仕事もねえ、金もねえ。女もいねえ。何もねえんだ。」

マリファナを吸引し、五〇〇ミリリットルのビール缶をすでに数缶飲み干したカルロスがふっかけてくる。声を荒げ、飲みかけのビール缶を近くに投げ飛ばし、拳を何度も地面に叩きつける。アスファルトで傷を負った拳は、血で滲んでいる。

不満をもらすカルロス

エスノグラファーとは残酷な存在なのかもしれない。どれだけ彼らの日常に迫り、寄り添い、日雇い労働を共にしたといっても、私は研究に従事するための助成金を得ている身分だ。公園で夕食を共にしても、橋の下の寝床へと帰っていく彼らと、滞在先のアパートに帰る私とは社会的境遇があまりに異なっている。

彼らに寄り添うというのは傲慢な思い込みではないか。そこには歴然とした生活の格差があることを忘却するような横暴さを持ってはならない。

彼らはけっして声をあげることがない。処罰がより厳しくなり、彼らの日常はよりみえないものへとなっていく。エスノグラファーの残酷さを認めつつ、それでも声をあげない声に耳を傾けていく。そこにあるたしかな生に社会的な権利を認めていく。彼らの生を社会的に黙殺するような国家的統制に対して、エスノグラファーができることはあまりに小さい。筆をとることが少しでも抗いになるのなら、そこに差し込むわずかな希望を信じて、書き続ける。

アルベルトの逃走

メキシコ出身のアルベルトは友人のトラックを借りて、カリフォルニアのフリーウェイを北上し、剪定作業の現場へと向かっていた。アルベルトは運転免許を持っていない。アルベルトは慎重派で運転も上手かった。

アルベルトは前を走っていたシルバー色のプリウスの急停車に咄嗟に反応することができなかった。制限速度内の時速一〇〇キロメートルで走行していたが、アルベルトの運転していた車はプリウスの後部に衝突した。

路肩に車を寄せて、プリウスの運転手が車を降りてきたのを見計らって、アルベルトは逃走した。車を乗り捨て、フリーウェイから走り逃げた。

翌日、日雇い現場の仕事待ちをする路上はアルベルトが追突事故を起こし、今もなお逃走中であることが話題になった。

走って逃げていることからもわかるように、幸いにしてアルベルトに怪我はない。運転手も大事に至ることのない程度の事故であった。友人の車を無免許で運転していたアルベルトにとっては十分すぎる取り返しのつかない事態であった。

アルベルトは、正規の滞在資格を持たない社会的境遇で過去数年もの間、アメリカで暮らしてきた。就労形態も制度的に保障されたものではなく、雇い主と労働者が路上で口約束をして現場に向かうインフォーマルな日雇い労働であった。事故を起こしたとき、アルベルトは数日間連続して雇われていた。

まとまった仕事にありつけることは非常に幸運なことであった。この追突事故でアルベルトはようやくにして摑んだ労働の機会を手放してしまう。事故を起こして逃走しているからといって、逃走資金もなければ、そもそも逃げゆくあてもない。

アルベルトはハースト通りに戻ってきた。いつものように仕事待ちをして、夕方以降はパブリック・パークに設置されているバーベキューコンロで温めたタコスを頬張り、労働者の仲間と酒を飲み、そのまま近くの雨風を凌げる高架道下の空き地で野宿生活をしていた。

三日後、ハースト通りに四台の警察車両が停まった。複数台のパトカーが同時に来るときには、仲間の誰かが何かをしたときだ。

アルベルトは目の前で連行されていった。俯くこともなく、何ら抵抗しないアルベルトは、その時を待っていたかのように思えた。あるいは、この国で逃げ切ることなどできないことをわきまえているようにもみえた。

アルベルトは数カ月間刑務所に収監され、その後、メキシコに強制送還された。

仲間の帰還

路上で仕事を待つことも、仕事のうちだと考えるようになって、いつしか気持ちは楽になった。過ぎていく時間の中で、仕事を得ることができなくても、今、この時を生きている。それも悪くないのかもしれない。

いつも通り、八時に来て、すでに三時間が経過した。金曜日の昼だ。その日もいつも通り、金曜の正午にセントポール教会の入り口へと続く列に並んでいた。列の先頭になるのは気がひけるから、正午をちょっと過ぎた頃に着くように移動する。

列に並んでいるのは、メキシコ、グアテマラ、ニカラグアをはじめとする中南米の国々から仕事を求めてアメリカにやってきた男たちだ。

人数は一二〇名ほど、そのうちの半分の名前はわかる。残りの半分は見たことのある顔で名前はわからない程度の関係だ。

ホームレスの黒人男性が紛れ込むこともある。この列に並べば、空腹を満たすことができる。NPOの支援団体が無料でランチを提供してくれる。

日雇い労働で身体を酷使しているからなのか。昨晩の夕食も今朝の朝食もろくに食べず、お腹が空いているからなのか。食事を提供してくれる人たちへの敬意を示しているのか。列に並ぶ男たちのお腹の事情は異なるが、みな行儀が良かった。列が乱れることはなかった。いつも静かだった。

しかし、その日は突如、その列が乱れた。列の後部が騒がしい。後ろを振り返ると、何かを取り囲むように人だかりができていた。その人だかりの中心にいるのは見覚えのあるあの男だった。

「アルベルト！」とその男の名を叫んだ。アルベルトは、半年前に、目の前で警察に連行されてから姿をみることはなかった。半年という月日は、仕事待ちをする路上で、アルベルトの近況が話題に上らない程度には冷たく過ぎていた。

アルベルトが戻ってきた。われわれの前に元気そうな顔を見せた。強制送還された母国メキシコからアメリカへと再び、入国してきた。そして、このハースト通りまで帰ってきたのだ。一段と日焼けしたアルベルトが笑みを浮かべながら

「久しぶりだな、元気にしていたか。」

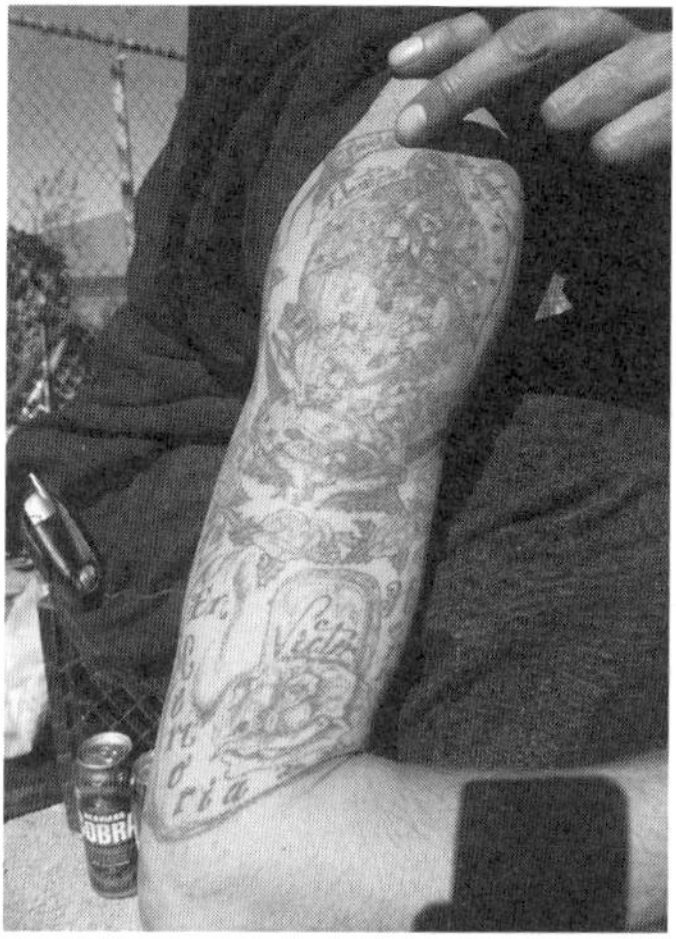

帰還したアルベルトのタトゥー

と声をかけてきた。

少し照れくさそうに控え目に近況を語るアルベルトにそこにいた誰もが耳を傾けていた。仕事待ちをする労働者たちは、アルベルトの過失を責めるわけでも、リスクを冒して国境を乗り越えてきたことを褒め称えることもなく、かといって、アルベルトにこのような状況を強いてしまう社会状況に違和を述べるわけでもなく、日々生きていくなかで起こりう

る想定内の出来事の一つとして受け止めているようだ。

でも、これまで乱れたことのない列が乱れ、男たちは声をあげた。仲間が戻ってきて嬉しいのだ。

線路脇の十字架

ハースト通りで仕事待ちをしているときに、死と隣り合わせの危険な場面はなかった。ジョニーがかつて生活をしていたグアテマラのドラッグディーラーの抗争と比べると、アメリカは穏やかで安全だ。

日雇い収入は不安定で、経済的には困窮状態にあることは間違いないが、週二回提供される無料の食事で、生き凌ぐのに必要な最低限のエネルギーは身体にため込むことができる。無料の食事が提供されるこの環境で飢え死にすることはない。健康診断も巡回バスで無料受診でき、身体の異常については相談し、しかるべき処方を受けることができる。

ハースト通りを西へ進むと南北に走る高速鉄道と交差する。そこに踏切がある。その踏切内から線路に少し入った舗装されていない脇地に、十字架がたてられている。十字架の周りには、ビールやウイスキーの空き缶や空き瓶が草花とともに供えられている。この十字架は私がハー

エディの十字架

スト通りに来る前からあった。

十字架はエディの墓だ。四七歳のときにアメリカに入国したグアテマラ出身のエディは、四九歳の誕生日を迎える直前に体調を崩し、担ぎこまれた病院でそのまま息を引き取った。

エディの十字架を正規滞在資格なしにアメリカ社会で生きた男の贖罪とみるのか、自らの身体を賭けて与えられた生を全うした勝利の象徴とみるのか、その判断は読者に委ねたい。

いずれにしても線路脇の十字架が、アメリカで今なお生活する一一三〇万人もの不法移民の集合的な末路とならないような日常的なかかわりが求められる。さあ、アメリカが移民国家であることの国家的な寛容さと自信を取り戻す日は来るのだろうか。

再訪――「社会的な死」

二〇一五年の夏、サンフランシスコ国際空港に到着した。荷物をピックアップし、高架鉄道にのった。行き先はいつも通りハースト通りだ。滞在先の安宿に荷物を置き、ハースト通りへと向かった。

その途中で、プリペイド携帯をもっていたフェルナンドとルイスに電話をかける。二人の携帯にはつながらない。フェルナンドとルイスはプリペイド携帯のチャージをしていない。ハースト通りに着くと、バルバスが一人座っている。

「久しぶり、調子はどう?」

「何も変わらない。スローだ。仕事はない。」

バルバスから離れたところには、マティアス、カルロスが仕事を待っている。

二〇一二年、二〇一三年の夏もハースト通りを訪れた。なんら連絡もせずに再訪するハースト通りで、いつもと変わらず、仕事を待ち続けている。

だが、バルバスの「何も変わらない」という言葉をそのまま鵜呑みにすることはできない。多い時には一四〇名程度、平均にしても、毎日七〇名近くの労働者が集まっていた。今は数名だ。このハースト通りで仕事待ちをする日雇い労働者の数は全体的にみて減っている。明らかにハースト通りで仕事待ちをする男たちの境遇は変わっている。

路上で仕事待ちをする日雇い労働者が減少するということは、労働者が路上でピックアップされ仕事をしているか、もしくは、仕事を待ち続けていても仕事がないために、この路上で仕事を待つのではなく、他の場所に移動して仕事を待っていることが考えられる。今日の現状は、明らかに後者の理由から労働者の姿をみなくなっている。

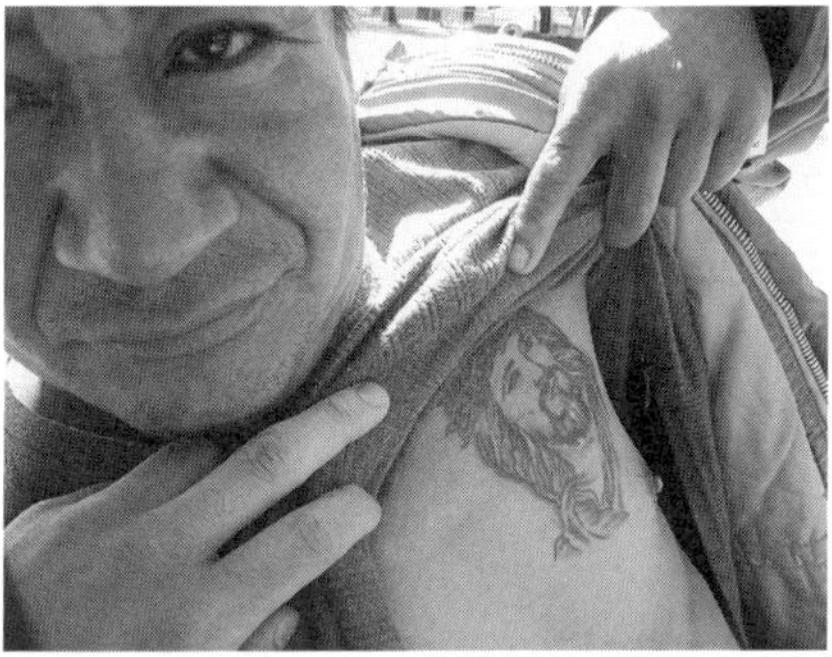

胸に刻んだイエス・キリスト

「バルバス、他の労働者はどこにいったのさ？ 国に帰ったのか？」

いつも無口なバルバスが、このときは珍しく言葉を重ねた。

「どうだろうな。ここにいても仕事はない。どこかに移動したのさ。ハースト通りで日雇いは、もう無理かもな。アメリカは貧困の国さ。みてみろよ。俺たちに金を払う奴はいいねえ。仕事は減っている。今じゃ、待っている時間のほうが長い。風当りが強くなっている。毎日、ここで仕事を待っている。この場所を離れることはない。ここにいることが俺の生き様だ。じっと待つ。生きるために場所を変える奴もいる。一つ言えるのは、ここに仕事がないから他の場所に移動していったとしても母国に帰るようなことはない。それだけはない。」

あとがき

客員研究員で在籍していた私は、研究に没頭できるこの上ない身分だった。大学院や研究会がないときには、大半の時間をハースト通りで過ごした。ハースト通りの時間はゆっくり流れていた。日雇いを始めた頃は、その時間の流れに戸惑いを感じていた。仕事を待ち続けることで、その時間にも馴れていった。

ようやくありついた仕事では共に汗を流し、着ていた服は泥まみれになった。ズボンの裾が汚れる程度ではすまなかった。ペンキが付着した。ヘドロまみれにもなった。木曜日は民家の裏庭にオープンする営業許可のないお店にタコスを食べに出かけた。金曜日はセントポール教会で無料で提供される炊き出しを食べた。飲み干したビール缶は山積みとなった。

初老のメキシコ人に手頃な仕事を紹介すると、栽培していたマリファナを大量に差し出してきた。マリファナの受け取りは丁寧にお断りをした。彼が手にする「資産」で御礼を形にする、その気持ちは嬉しかった。

日雇い労働者の一人となることで、肌は黒くなり、体重も一〇キロ近く増えた。現場に入り込むということは、私の価値観や身体性にも変化を及ぼす。

互いに名前で呼び合い、たわいもない日常の会話を交わした。不法移民であるからといって彼らのことを、凶悪な犯罪を起こす罪人であると決めつけたりはしなかった。一切の偏見も差別的な感情も抱かなかった。特別視をしなかった。

セントポール教会にて帰国直前

私にエスノグラファーとしての素養があるのなら、偏見や差別を生み出す一般的なカテゴリーを鵜呑みにしない、まなざしの中立性にある。生まれ持って人はみな平等であるべきだという理想をミドルエイジに突入した今でも抱いている。

人々の生活環境が平等でないのは、社会の仕組みがそれを強固なものとして構造化し続けているからに過ぎない。社会がつくる現実は、多くの場合、認識の虚構からなるものであり、その絡まりを解きほぐすことには意義がある。そのことを問い続け、問いただすために、社会学を生業としている。

本書から浮かび上がる不法移民の日常は、インタビュー調査や路地の反対側から写真を撮り逃げして現場を去るような似非調査では浮かび上がってくることはない。セントポール教会で食事をしているわれわれにアンケートを配ったのは、バークレーの大学院に在籍する人類学を専攻する院生だった。その院生はアンケートを回収すると、そそくさと帰っていった。「こんな紙切れ一つで俺たちの何がわかるんだ」とフェルナンドは苛立っていた。ハースト通りでこの院生をみることは、それ以来、一度もなかった。

私が日雇いをする上で、課したルールは二つあった。一つ目は、他の労働者の仕事を奪わないこと。ピックアップトラックが目の前に来たからといって、他の労働者を差し置いて自分だけ仕事を得るような行動は控えた。二つ目は、他の労働者と一緒に仕事にいくことをルールとした。労働者がどのようにして働くのかをみたいと考えたからだ。

一つ目のルールは、守ることができた。この心がけが、他の労働者と私との関係に信頼を生んでいくことにもつながっていった。二つ目のルールは、守れないときもあった。

路上で一番多いのは、運転手一人が来て、労働者一人を車に乗せていくケースであった。二人以上の労働者を必要とする雇い主は、ハースト通りでは二割以下だった。一人で仕事待ちをしているときに指名された場合には、日雇いの仕事を受けた。

自らも日雇い労働者と一緒になって働きながら、彼らの生き様を描いていくことは、私のオリジナルな方法ではない。本書の冒頭であげた『ボディ&ソウル』の手法を真似た。日雇い現場で起きた出来事はその場で記憶に叩き込み、自宅に戻ると毎晩フィールドノーツに書き込んだ。ノーツを読み返すことで、忘れていた記憶も、手に取るようによみがえってくる。

本書との関係で人類学者オルドネスの研究(Ordonez 二〇一〇)は興味深い。オルドネスは私の帰国直後からハースト通りに顔を出すようになった。それから約二年間、二〇〇八年から二〇一〇年にかけて私が一緒に過ごしてきた男たちと一緒に過ごしている。オルドネスはハースト通りでのフィールドワークの成果を博士論文としてまとめ、二〇一五年にはエスノグラフィーとして刊行した(Ordonez 二〇一五)。

社会学と人類学を専門とする研究者がエスノグラフィーという共通の手法で、ハースト通りでフィールドワークをしていた。オルドネスの研究成果は、私が描いてきた男たちの生き様が私の目線のみから描かれた偏った記述ではないことを裏付けてもくれる。

夏季休暇中にスタンフォード大学で開催されたヴァカンの基調講演に駆けつけ、講演後に挨拶をすると、こんがりと日焼けした私をみて「日雇い労働はどんな感じだ?」と気にかけて下さった。

翌週には、薄緑色のサウナスーツに身を包んだ、ヴァカンがハースト通りにランニングにきた。仕事待ちをしている様子をうかがいに来てくれた。ヴァカンの師匠ピエール・ブルデューは、ヴァカンが通っていたシカゴのボクシングジムを訪ねていた。そのことを思い出し、嬉しく感じた。

ロイック・ヴァカン教授の自宅にて

エスノグラフィックな手法を用いて書き上げるルポルタージュは、効率的で形式的な社会調査とは対峙する。ブルデュー(Bourdieu 一九九二=二〇〇七)が参与的客観化として提起しているように、エスノグラファーとしての私の立場性を反省的に捉えるという営みを続けながら、フィールドに埋め込まれている社会的・知的な無意識をも対象化・客観化する実践が必要である。その意味で〈リフレクシブ・フィールドワーク〉と呼びうる方法論の模索を、私自身の当面の課題に据えたいと考えている。

これまでみてきた男たちの働きぶりや暮らしぶりがアメリカに住むすべての不法移民を代表するわけではない。トランプ大統領が言うところのすべての不法移民を対象にするには、私の経験は限られてもいる。

アメリカには正規滞在資格を保持しないで、農場で働く者もいれば、家政婦をしている者もいる。高校や大学で学ぶ者もいる。平均的なアメリカ人の生活水準を手にして、日々を過ごしている不法移民も少なくない。

不法移民は一様ではない。正規滞在資格を保持しない彼ら・彼女らの生活には熾烈な格差がある。不法移民の男たちは、その中でも最下層に位置づき、過酷な日々を生き抜いている。アメリカ社会の格差の壁は、国境の壁よりも分厚い。その壁は揺らぐことなく、一切の隙も見せずに、われわれの前に立ちはだかっている。

トランプ大統領が就任し、不法移民の強制送還がかつて以上に報道されるようになった。書かなければならないというある種の社会的使命に駆られ、まとめあげていく過程は、一緒に仕事をした彼らへの手紙として書く部分と、彼らをとりまく現実を冷静にかつ客観的に書くことの狭間で揺れ動き、痛みをともなった。

正規移民であろうが、不法移民であろうが、プライバシーを守るという点で、特段違いはない。彼らの人権は守らなければならない。彼らに通じるスペイン語や英語ではなく、日本語で書く内向きな作業に悩んだこともあった。最終的には彼らとの時間を刻み込んだ私の身体が言葉を紡ぎ出していった。

結果として、声を荒げることもなく潜むようにして、仲間とともに今を生き抜いている男たちの日常が浮かび上がってきた。現場で流した汗と、書くことで流した涙のしみ込んだ思い出深いエスノグラフィック・ルポルタージュになった。


なお、本書の元となったフィールドワークは、日本学術振興会のＪＳＰＳ科研費(20830099, 22683011)の研究助成を受けたものである。異国の地で日雇いの仕事を待ち続けた経験は、社会に存在することや生きることの意味について改めて考え直し、社会学することの社会的な役割を深く問い直す時間であった。厚く御礼を申し上げる。

岩波新書編集部の中山永基さんは、私の問題意識を深く汲み取り、切れ味鋭い助言を下さった。中山さんとのやりとりのなかで、私はエスノグラフィーの可能性を改めて気付くことができた。ありがとうございました。

最後は、身柄を拘束され、強制送還されたメキシコ人男性の叫びで締めくくることにしよう。

「Mr.プレジデント。お前が何をしようが関係ない。俺たちは何度でも帰ってくるからな。」

二〇一七年九月

田中研之輔

参考文献

Baker and Rytina, 2013, B. Baker, N. Rytina Estimates of the Unauthorized Immigrant Population Residing in the United States: January 2012 DC Department of Homeland Security, Office of Immigration Statistics, Washington.

Bohn et al., 2014, S. Bohn, M. Lofstrom, S. Raphael, "Did the 2007 legal Arizona workers act reduce the state's unauthorized immigrant population?" Rev. Econ. Stat., 96.

Borjas, J., 2017, The Labor Supply of Undocumented Immigrants, *Labour Economics*, Volume 46.

Bourdieu, P., Wacquant, L., 1992, *An Invitation to Reflexive Sociology*. Chicago Press.（＝水島和則訳『リフレクシヴ・ソシオロジーへの招待』2007 藤原書店）

Bucher et al., 2010, Undocumented Victims: An Examination of Crimes Against Undocumented Male Migrant Workers. *Southwest Journal of Criminal Justice*, Vol. 7.

Carens, J., 2010, *Immigrants and The Right to Stay*, Massachusetts Institute of Technology.（＝横濱竜也訳『不法移民はいつ〈不法〉でなくなるのか――滞在時間から滞在権へ』2017 白水社）

Chavez, L., 1992, *Shadowed Lives: Undocumented Immigrants in American Society*. Harcourt Brace College Publishers.

Davis, M., 1990, *City of Quartz: Excavating the Future in Los Angeles*, Verso.（＝村山敏勝・日比野啓訳『要塞都市　LA』2008 青土社）.

Davis, M., 2000, *Magical Urbanism: Latinos Reinvent the U. S. Big City*. New York: Verso.

Durand, J. & Massey, D. S., 2004, *Crossing the Border*. New York: Russell Sage Foundation.

Foucault, M., 1975, *Surveiller et punir: Naissance de la prison*. Gal-

limard.（＝田村俶訳『監獄の誕生――監視と処罰』1977 新潮社）

Fry, Richard, 2006, Gender and Migration, A Pew Research Center Project, Pew Hispanic Center.

Gozdziak, E., 2005, New immigrant communities and integration. In E. Gozdziak & S. Martin（Eds.）, *Beyond the gateway: Immigrants in a changing America*（3-18）. Lanham, Maryland: Lexington Books.

Hagan, J. & Palloni, A., 1999, Sociological criminology and the mythology of Hispanic immigration and crime. *Social Problems*, 46, 617-632.

Harvey, D., 2005. *A Brief History of Neoliberalism*. Oxford University Press, USA.（＝渡辺治監訳『新自由主義――その歴史的展開と現在』2007 作品社）

工藤律子　2016『マラス――暴力に支配される少年たち』集英社.

工藤律子　2017『マフィア国家――メキシコ麻薬戦争を生き抜く人々』岩波書店.

Massey, Douglas S., 1987, “Do Undocumented Migrants Earn Lower Wages than Legal Immigrants? New Evidence from Mexico.” *International Migration Review*, 21.

Massey, D. J. Durand and N. Malone, 2002, *Beyond Smoke and Mirrors: Mexican Immigration in an Age of Economic Integration*. New York: Russell Sage.

Ordonez, J. T., 2010, *Jornalero: the life and work of Latin American Day Laborers in Berkeley*. California: A dissertation University of California, Berkeley.

Ordonez, J. T., 2015, *Jornalero: Being a Day Laborer in the USA*. University of California Press.

Passel, J. S., 2005, Estimates of the size and characteristics of the undocumented population. Pew Hispanic Center: Washington DC. March 21.

Peck, J., Theodore, N., 2001, Contingent Chicago: restructuring the spaces of temporary labor. *Intl. J. Urban Reg. Res.* 25（3）:

471–496.
Pew Hispanic Center, 2009, A Pew Research Center Project A Portrait of Unauthorized Immigrants in the United States, April 14.
Portes, A., Bach, R. L., 1985, *Latin Journey: Cuban and Mexican Immigrants in the United States*. Berkeley, CA: Univ. Calif. Press.
Purser, G., 2006, Waiting for Work: An Ethnography of a Day Labor Agency, "Institute for the Study of Social Change," ISSC, Fellows Working Papers, eRepository, California Digital Library.
Purser, G., 2007, The Dignity of Job-Seeking Men Boundary Work among Immigrant Day Laborers. *Journal of Contemporary Ethnography*, In Press.
Sayad, A., 2004, *The Suffering of the Immigrant*. Polity Press.
Valenzuela, A., 2003, "Day Labor Work." *Annual Review of Sociology*, Volume 29, 307–333.
Varsanyi, M., 2005, "The Paradox of Contemporary Immigrant Political Mobilization: Organized Labor, Undocumented Migrants, and Electoral Participation in Los Angeles," Editorial Board of Antipode, 775–795.
Wacquant, L., 2004, *Body and Soul: Notebooks of an Apprentice Boxer*. The University of Chicago Press.（田中研之輔・倉島哲・石岡丈昇訳『ボディ&ソウル——ある社会学者のボクシング・エスノグラフィー』2013 新曜社）
Wacquant, L., 2008a, *Urban Outcasts: a comparative sociology of advanced marginality Cambridge*. Polity.
Wacquant, L., 2008b, *Punishing the Poor: The New Government of Social Insecurity*. Duke University Press.
Young, J., 1999, *The Exclusive Society: Social Exclusion*, Crime and Difference in Late Modernity, Sage.（＝青木秀男他訳『排除型社会——後期近代における犯罪・雇用・差異』2007 洛北出版）

田中研之輔

1976年生まれ．博士(社会学)．一橋大学大学院社会学研究科単位取得退学，日本学術振興会特別研究員，メルボルン大学，カリフォルニア大学バークレー校での客員研究員などを経て，

現在―法政大学キャリアデザイン学部准教授，デジタルハリウッド大学客員准教授，株式会社ゲイト社外顧問

専門―社会学，エスノグラフィー

著書―『覚醒せよ、わが身体。』(共著，ハーベスト社)
『先生は教えてくれない大学のトリセツ』(ちくまプリマー新書)
『走らないトヨタ』(共著，法律文化社)
『都市に刻む軌跡』(新曜社)
『丼家の経営』(法律文化社)

訳書―『ボディ＆ソウル』(共訳，新曜社)
『ストリートのコード』(共訳，ハーベスト社)

ルポ 不法移民
アメリカ国境を越えた男たち　　岩波新書(新赤版)1686

2017年11月21日　第1刷発行

著　者　田中研之輔《たなかけんのすけ》

発行者　岡本　厚

発行所　株式会社 岩波書店
〒101-8002 東京都千代田区一ツ橋2-5-5
案内 03-5210-4000　営業部 03-5210-4111
http://www.iwanami.co.jp/

新書編集部 03-5210-4054
http://www.iwanamishinsho.com/

印刷・三陽社　カバー・半七印刷　製本・中永製本

© Kennosuke Tanaka 2017
ISBN 978-4-00-431686-2　　Printed in Japan

岩波新書新赤版一〇〇〇点に際して

ひとつの時代が終わったと言われて久しい。だが、その先にいかなる時代を展望するのか、私たちはその輪郭すら描きえていない。二〇世紀から持ち越した課題の多くは、未だ解決の緒を見つけることのできないままであり、二一世紀が新たに招きよせた問題も少なくない。グローバル資本主義の浸透、憎悪の連鎖、暴力の応酬――世界は混沌として深い不安の只中にある。

現代社会においては変化が常態となり、速さと新しさに絶対的な価値が与えられた。消費社会の深化と情報技術の革命は、種々の境界を無くし、人々の生活やコミュニケーションの様式を根底から変容させてきた。ライフスタイルは多様化し、一面では個人の生き方をそれぞれが選びとる時代が始まっている。同時に、新たな格差が生まれ、様々な次元での亀裂や分断が深まっている。社会や歴史に対する意識が揺らぎ、普遍的な理念に対する根本的な懐疑や、現実を変えることへの無力感がひそかに根を張りつつある。そして生きることに誰もが困難を覚える時代が到来している。

しかし、日常生活のそれぞれの場で、自由と民主主義を獲得し実践することを通じて、私たち自身がそうした閉塞を乗り超え、希望の時代の幕開けを告げてゆくことは不可能ではあるまい。そのために、いま求められていること――それは、個と個の間で開かれた対話を積み重ねながら、人間らしく生きることの条件について一人ひとりが粘り強く思考することではないか。その営みの糧となるものが、教養に外ならないと私たちは考える。歴史とは何か、よく生きるとはいかなることか、世界そして人間はどこへ向かうべきなのか――こうした根源的な問いとの格闘が、文化と知の厚みを作り出し、個人と社会を支える基盤としての教養となった。まさにそのような教養への道案内こそ、岩波新書が創刊以来、追求してきたことである。

岩波新書は、日中戦争下の一九三八年一一月に赤版として創刊された。創刊の辞は、道義の精神に則らない日本の行動を憂慮し、批判的精神と良心的行動の欠如を戒めつつ、現代人の現代的教養を刊行の目的とする、と謳っている。以後、青版、黄版、新赤版と装いを改めながら、合計二五〇〇点余りを世に問うてきた。そして、いままた新赤版が一〇〇〇点を迎えたのを機に、人間の理性と良心への信頼を再確認し、それに裏打ちされた文化を培っていく決意を込めて、新しい装丁のもとに再出発したいと思う。一冊一冊から吹き出す新風が一人でも多くの読者の許に届くこと、そして希望ある時代への想像力を豊かにかき立てることを切に願う。

（二〇〇六年四月）

政治

岩波新書より

法律

- 裁判の非情と人情　原田國男
- 憲法改正とは何だろうか　高見勝利
- 独占禁止法〔新版〕　村上政博
- 密着 最高裁のしごと　川名壮志
- 「法の支配」とは何か 行政法入門　大浜啓吉
- 会社法入門〔新版〕　神田秀樹
- 憲法への招待〔新版〕　渋谷秀樹
- 比較のなかの改憲論　辻村みよ子
- 大災害と法　津久井進
- 変革期の地方自治法　兼子仁
- 原発訴訟　海渡雄一
- 民法改正を考える　大村敦志
- 労働法入門　水町勇一郎
- 人が人を裁くということ　小坂井敏晶
- 知的財産法入門　小泉直樹
- 消費者の権利〔新版〕　正田彬
- 司法官僚 裁判所の権力者たち　新藤宗幸
- 名誉毀損　山田隆司
- 刑法入門　山口厚
- 家族と法　二宮周平
- 憲法とは何か　長谷部恭男
- 良心の自由と子どもたち　西原博史
- 著作権の考え方　岡本薫
- 裁判官はなぜ誤るのか　秋山賢三
- 法とは何か〔新版〕　渡辺洋三
- 民法のすすめ　星野英一
- 日本社会と法　渡辺洋三・甲斐道太郎・広渡清吾・小森田秋夫 編
- 日本の憲法〔第三版〕　長谷川正安
- 憲法と天皇制　横田耕一
- 自由と国家　樋口陽一
- 納税者の権利　北野弘久
- 小繫事件　戒能通孝
- 日本人の法意識　川島武宜

カラー版

- カラー版 国芳　岩切友里子
- カラー版 知床・北方四島　大泰司紀之・本間浩昭
- カラー版 西洋陶磁入門　大平雅巳
- カラー版 すばる望遠鏡の宇宙　海部宣男・宮下曉彦 写真
- カラー版 ブッダの旅　丸山勇
- カラー版 ベトナム 戦争と平和　石川文洋
- カラー版 難民キャンプの子どもたち　田沼武能
- カラー版 細胞紳士録　藤田恒夫・牛木辰男
- カラー版 メッカ　野町和嘉
- カラー版 シベリア動物誌　福田俊司
- カラー版 ハッブル望遠鏡が見た宇宙　野本陽代・R・ウィリアムズ
- カラー版 妖怪画談　水木しげる

岩波新書より

経済

偽りの経済政策	服部茂幸
ミクロ経済学入門の入門	坂井豊貴
経済学のすすめ	佐和隆光
ガルブレイス	伊東光晴
ユーロ危機とギリシャ反乱	田中素香
ポスト資本主義 科学・人間・社会の未来	広井良典
日本の納税者	三木義一
タックス・イーター	志賀櫻
コーポレート・ガバナンス	花崎正晴
グローバル経済史入門	杉山伸也
アベノミクスの終焉	服部茂幸
新・世界経済入門	西川潤
金融政策入門	湯本雅士
日本経済図説〔第四版〕	宮崎勇 本庄真 田谷禎三
新自由主義の帰結	服部茂幸
タックス・ヘイブン	志賀櫻
WTO 貿易自由化を超えて	中川淳司
日本財政 転換の指針	井手英策
日本の税金〔新版〕	三木義一
世界経済図説〔第三版〕	宮崎勇 田谷禎三
成熟社会の経済学	小野善康
平成不況の本質	大瀧雅之
原発のコスト	大島堅一
次世代インターネットの経済学	依田高典
ユーロ 危機の中の統一通貨	田中素香
低炭素経済への道	諸富徹 浅岡美恵
「分かち合い」の経済学	神野直彦
グリーン資本主義	佐和隆光
消費税をどうするか	小此木潔
国際金融入門〔新版〕	岩田規久男
金融商品とどうつき合うか	新保恵志
金融NPO	藤井良広
地域再生の条件	本間義人
経済データの読み方〔新版〕	鈴木正俊
格差社会 何が問題なのか	橘木俊詔
景気とは何だろうか	山家悠紀夫
環境再生と日本経済	三橋規宏
人民元・ドル・円	田村秀男
社会的共通資本	宇沢弘文
景気と国際金融	小野善康
経営革命の構造	米倉誠一郎
ブランド 価値の創造	石井淳蔵
景気と経済政策	小野善康
アメリカの通商政策	佐々木隆雄
戦後の日本経済	橋本寿朗
共生の大地 新しい経済がはじまる	内橋克人
思想としての近代経済学	森嶋通夫
シュンペーター	伊東光晴 根井雅弘
経済学の考え方	宇沢弘文
経済学とは何だろうか	佐和隆光
ケインズ	伊東光晴

岩波新書より

社会

歩く、見る、聞く 人びとの自然再生　宮内泰介
対話する社会へ　暉峻淑子
悩みいろいろ　金子 勝
魚と日本人 食と職の経済学　濱田武士
ルポ 貧困女子　飯島裕子
鳥獣害 動物たちと、どう向きあうか　祖田 修
科学者と戦争　池内 了
新しい幸福論　橘木俊詔
ブラックバイト 学生が危ない　今野晴貴
原発プロパガンダ　本間 龍
ルポ 母子避難　吉田千亜
日本にとって沖縄とは何か　新崎盛暉
日本病 長期衰退のダイナミクス　金子 勝・児玉龍彦
雇用身分社会　森岡孝二
生命保険とのつき合い方　出口治明

ルポ にっぽんのごみ　杉本裕明
鈴木さんにも分かるネットの未来　川上量生
地域に希望あり　大江正章
世論調査とは何だろうか　岩本 裕
フォト・ストーリー 沖縄の70年　石川文洋
ルポ 保育崩壊　小林美希
多数決を疑う 社会的選択理論とは何か　坂井豊貴
アホウドリを追った日本人　平岡昭利
朝鮮と日本に生きる　金 時鐘
被災弱者　岡田広行
農山村は消滅しない　小田切徳美
復興〈災害〉　塩崎賢明
「働くこと」を問い直す　山崎 憲
原発と大津波 警告を葬った人々　添田孝史
縮小都市の挑戦　矢作 弘
福島原発事故 被災者支援政策の欺瞞　日野行介
日本の年金　駒村康平

食と農でつなぐ 福島から　塩谷弘康・岩崎由美子
過労自殺〔第二版〕　川人 博
金沢を歩く　山出 保
ドキュメント 豪雨災害　稲泉 連
ひとり親家庭　赤石千衣子
女のからだ フェミニズム以後　荻野美穂
〈老いがい〉の時代　天野正子
子どもの貧困 II　阿部 彩
性と法律　角田由紀子
ヘイト・スピーチとは何か　師岡康子
生活保護から考える　稲葉 剛
かつお節と日本人　宮内泰介・藤林 泰
家事労働ハラスメント　竹信三恵子
福島原発事故 県民健康管理調査の闇　日野行介
電気料金はなぜ上がるのか　朝日新聞経済部
おとなが育つ条件　柏木惠子
在日外国人〔第三版〕　田中 宏
まち再生の術語集　延藤安弘

岩波新書より

震災日録 記憶を記録する　森まゆみ
原発をつくらせない人びと　山秋真
社会人の生き方　暉峻淑子
構造災 科学技術社会に潜む危機　松本三和夫
家族という意志　芹沢俊介
ルポ 良心と義務　田中伸尚
飯舘村は負けない　千葉悦子・松野光伸
夢よりも深い覚醒へ　大澤真幸
子どもの声を社会へ　桜井智恵子
就職とは何か　森岡孝二
日本のデザイン　原研哉
ポジティヴ・アクション　辻村みよ子
脱原子力社会へ　長谷川公一
希望は絶望のど真ん中に　むのたけじ
福島 原発と人びと　広河隆一
アスベスト 広がる被害　大島秀利
原発を終わらせる　石橋克彦編
日本の食糧が危ない　中村靖彦
勲章 知られざる素顔　栗原俊雄

希望のつくり方　玄田有史
生き方の不平等　白波瀬佐和子
同性愛と異性愛　風間孝・河口和也
居住の貧困　本間義人
贅沢の条件　山田登世子
新しい労働社会　濱口桂一郎
世代間連帯　上野千鶴子・辻元清美
道路をどうするか　五十嵐敬喜・小川明雄
子どもの貧困　阿部彩
子どもへの性的虐待　森田ゆり
戦争絶滅へ、人間復活へ　むのたけじ・黒岩比佐子 聞き手
テレワーク 「未来型労働」の現実　佐藤彰男
反貧困　湯浅誠
不可能性の時代　大澤真幸
地域の力　大江正章
ベースボールの夢　内田隆三
グアムと日本人 戦争を埋立てた楽園　山口誠
少子社会日本　山田昌弘

親米と反米　吉見俊哉
「悩み」の正体　香山リカ
変えてゆく勇気　上川あや
建築紛争　五十嵐敬喜・小川明雄
戦争で死ぬ、ということ　島本慈子
社会学入門　見田宗介
冠婚葬祭のひみつ　斎藤美奈子
少年事件に取り組む　藤原正範
いまどきの「常識」　香山リカ
働きすぎの時代　森岡孝二
桜が創った「日本」　佐藤俊樹
生きる意味　上田紀行
ルポ 戦争協力拒否　吉田敏浩
ウォーター・ビジネス　中村靖彦
男女共同参画の時代　鹿嶋敬
当事者主権　中西正司・上野千鶴子
ルポ 解雇　島本慈子
豊かさの条件　暉峻淑子
人生案内　落合恵子

岩波新書より

若者の法則　香山リカ
少年犯罪と向きあう　石井小夜子
自白の心理学　浜田寿美男
原発事故はなぜくりかえすのか　高木仁三郎
日本の近代化遺産　伊東孝
証言 水俣病　栗原彬編
コンクリートが危ない　小林一輔
東京国税局査察部　立石勝規
バリアフリーをつくる　光野有次
ドキュメント 屠場　鎌田慧
能力主義と企業社会　熊沢誠
現代社会の理論　見田宗介
原発事故を問う　七沢潔
災害救援　野田正彰
命こそ宝 沖縄反戦の心　阿波根昌鴻
スパイの世界　中薗英助
「成田」とは何か　宇沢弘文
都市開発を考える　大野輝之　レイコ・ハベ・エバンス

ディズニーランドという聖地　能登路雅子
原発はなぜ危険か　田中三彦
豊かさとは何か　暉峻淑子
農の情景　杉浦明平
光に向って咲け　粟津キヨ
異邦人は君ヶ代丸に乗って　金賛汀
読書と社会科学　内田義彦
ああダンプ街道　佐久間充
科学文明に未来はあるか　野坂昭如編著
働くことの意味　清水正徳
原爆に夫を奪われて　神田三亀男編
プルトニウムの恐怖　高木仁三郎
住宅貧乏物語　早川和男
食品を見わける　磯部晶策
社会科学における人間　大塚久雄
沖縄ノート　大江健三郎
追われゆく坑夫たち　上野英信
この世界の片隅で　山代巴編
音から隔てられて　入谷仙介　林瓢介編

ものいわぬ農民　大牟羅良
世直しの倫理と論理（下）　小田実
死の灰と闘う科学者　三宅泰雄
米軍と農民　阿波根昌鴻
暗い谷間の労働運動　大河内一男
ユダヤ人　J－P・サルトル　安堂信也訳
社会認識の歩み　内田義彦
社会科学の方法　大塚久雄
自動車の社会的費用　宇沢弘文

現代世界

岩波新書より

ヨーロッパとイスラーム	内藤正典
現代の戦争被害	小池政行
帝国を壊すために	アルンダティ・ロイ 本橋哲也 訳
多文化世界	青木保
デモクラシーの帝国	藤原帰一
パレスチナ〔新版〕	広河隆一
人道的介入	最上敏樹
異文化理解	青木保
ロシア市民	中村逸郎
ロシア経済事情	小川和男
ユーゴスラヴィア現代史	柴宜弘
ビルマ 「発展」のなかの人びと	田辺寿夫
東南アジアを知る	鶴見良行
獄中19年	徐勝
ハワイ	山中速人
モンゴルに暮らす	一ノ瀬恵
チェルノブイリ報告	広河隆一
イスラームの日常世界	片倉もとこ
エビと日本人	村井吉敬
バナナと日本人	鶴見良行
イギリスと日本	森嶋通夫
韓国からの通信	T・K生 「世界」編集部編
非ユダヤ的ユダヤ人	I・ドイッチャー 鈴木一郎 訳

岩波新書より

福祉・医療

ルポ 看護の質	小林美希
健康長寿のための医学	井村裕夫
不眠とうつ病	清水徹男
在宅介護	結城康博
和漢診療学 あたらしい漢方	寺澤捷年
不可能を可能に 点字の世界を駆けぬける	田中徹二
医と人間	井村裕夫編
医療の選択	桐野高明
納得の老後 日欧在宅ケア探訪	村上紀美子
移植医療	櫛島次郎・出河雅彦
医学的根拠とは何か	津田敏秀
転倒予防	武藤芳照
看護の力	川嶋みどり
心の病 回復への道	野中猛
重い障害を生きるということ	高谷清
肝臓病	渡辺純夫
感染症と文明	山本太郎
ルポ 認知症ケア最前線	佐藤幹夫
医の未来	矢﨑義雄編
パンデミックとたたかう	押谷仁・瀬名秀明
健康不安社会を生きる	飯島裕一編著
温泉と健康	阿岸祐幸
介護 現場からの検証	結城康博
腎臓病の話	椎貝達夫
がんとどう向き合うか	額田勲
がん緩和ケア最前線	坂井かをり
人はなぜ太るのか	岡田正彦
児童虐待	川﨑二三彦
生老病死を支える	方波見康雄
医療の値段	結城康博
認知症とは何か	小澤勲
鍼灸の挑戦	松田博公
障害者とスポーツ	高橋明
生体肝移植	後藤正治
放射線と健康	舘野之男
定常型社会 新しい「豊かさ」の構想	広井良典
健康ブームを問う	飯島裕一編著
血管の病気	田辺達三
医の現在	高久史麿編
日本の社会保障	広井良典
居住福祉	早川和男
高齢者医療と福祉	岡本祐三
看護 ベッドサイドの光景	増田れい子
信州に上医あり	南木佳士
医療の倫理	星野一正
体験ルポ 世界の高齢者福祉	山井和則
リハビリテーション	砂原茂一
指と耳で読む	本間一夫
自分たちで生命を守った村	菊地武雄

岩波新書より

環境・地球

水の未来　沖　大幹
異常気象と地球温暖化　鬼頭昭雄
エネルギーを選びなおす　小澤祥司
欧州のエネルギーシフト　脇阪紀行
グリーン経済最前線　井田徹治・末吉竹二郎
低炭素社会のデザイン　西岡秀三
環境アセスメントとは何か　原科幸彦
生物多様性とは何か　井田徹治
キリマンジャロの雪が消えていく　石　弘之
イワシと気候変動　川崎　健
森林と人間　石城謙吉
世界森林報告　山田　勇
地球の水が危ない　高橋　裕
地球持続の技術　小宮山　宏
地球環境報告Ⅱ　石　弘之
地球温暖化を防ぐ　佐和隆光
地球環境問題とは何か　米本昌平
地球環境報告　石　弘之
水俣病は終っていない　原田正純
国土の変貌と水害　高橋　裕
水俣病　原田正純

情報・メディア

グローバル・ジャーナリズム　澤　康臣
キャスターという仕事　国谷裕子
読んじゃいなよ!　高橋源一郎編
読書と日本人　津野海太郎
スポーツアナウンサー 実況の真髄　山本　浩
戦争と検閲 石川達三を読み直す　河原理子
NHK〔新版〕　松田　浩
震災と情報　徳田雄洋
メディアと日本人　橋元良明
本は、これから　池澤夏樹編
デジタル社会はなぜ生きにくいか　徳田雄洋
ジャーナリズムの可能性　原　寿雄
ITリスクの考え方　佐々木良一
ユビキタスとは何か　坂村　健
ウェブ社会をどう生きるか　西垣　通
報道被害　梓澤和幸
メディア社会　佐藤卓己
現代の戦争報道　門奈直樹
未来をつくる図書館　菅谷明子
インターネット術語集Ⅱ　矢野直明
メディア・リテラシー　菅谷明子
インターネット　村井　純
職業としての編集者　吉野源三郎
戦中用語集　三國一朗
本の中の世界　湯川秀樹
私の読書法　大内兵衛・茅誠司

(2017.8)　(GH)

岩波新書より

宗教

パウロ 十字架の使徒　青野太潮
弘法大師空海と出会う　川﨑一洋
高野山　松長有慶
マルティン・ルター　徳善義和
教科書の中の宗教　藤原聖子
『教行信証』を読む 親鸞の世界へ　山折哲雄
国家神道と日本人　島薗進
聖書の読み方　大貫隆
寺よ、変われ　高橋卓志
親鸞をよむ　山折哲雄
日本宗教史　末木文美士
法華経入門　菅野博史
イスラム教入門　中村廣治郎
ジャンヌ・ダルクと蓮如　大谷暢順
蓮如　五木寛之
キリスト教と笑い　宮田光雄
密教　松長有慶
仏教入門　三枝充悳
モーセ　浅野順一
イスラーム（回教）　蒲生礼一
ヨブ記　浅野順一
聖書入門　小塩力
慰霊と招魂　村上重良
国家神道　村上重良
お経の話　渡辺照宏
日本の仏教　渡辺照宏
仏教〔第二版〕　渡辺照宏
禅と日本文化　鈴木大拙　北川桃雄 訳

心理・精神医学

モラルの起源　亀田達也
トラウマ　宮地尚子
自閉症スペクトラム障害　平岩幹男
自殺予防　高橋祥友
だます心 だまされる心　安斎育郎
痴呆を生きるということ　小澤勲
快適睡眠のすすめ　堀忠雄
精神病　笠原嘉
やさしさの精神病理　大平健
生涯発達の心理学　高橋惠子　波多野誼余夫
心病める人たち　石川信義
コンプレックス　河合隼雄
日本人の心理　南博

岩波新書/最新刊から

1676
日本の歴史を旅する
五味文彦 著
旅の中で出会い見た歴史の痕跡と、その地に長く育まれた〈地域の力〉。歴史家の練達の筆に、列島の多様な魅力が浮かびあがる。

1677
イギリス現代史
長谷川貴彦 著
政治経済のみならず国際関係の変動、また社会変容にも着目し、戦後イギリスの歩みを描く。EU離脱に揺れる今を考えるために。

1678
60歳からの外国語修行
メキシコに学ぶ
青山 南 著
60歳にして初の語学留学! 現地に行ってはじめて見えてきたこととは――。名翻訳家・エッセイストによる、最高に面白い体験記。

1679
抗生物質と人間
―マイクロバイオームの危機―
山本太郎 著
増加する生活習慣病、拡大する薬剤耐性菌。その背後には、抗生物質の過剰使用がある。諸刃の剣と化す万能の薬。その逆説を問う。

1680
日本の無戸籍者
井戸まさえ 著
最低でも一万人いるとされる無戸籍者。「国民」を規定し、また排除する戸籍制度のもろさを、無戸籍の歴史と多くの事例から考察する。

1681
出羽三山
山岳信仰の歴史を歩く
岩鼻通明 著
修験の聖地、羽黒山。「雲の峰幾つ崩て月の山」と芭蕉が詠んだ主峰、月山。秘所、湯殿山。〈お山〉の歴史と文化を案内。

1682
アウグスティヌス
「心」の哲学者
出村和彦 著
ヨーロッパの哲学思想に多大な影響を与えた「西欧の父」。知への愛と探究をとおしてキリスト教の道を歩んだ生涯を描く。

1683
生と死のことば
中国の名言を読む
川合康三 著
自分の老い、その先の死、身近な人たちの死にどう向き合うか。孔子、荘子、曹操、陶淵明など先哲、文人がのこしたことばから探る。

(2017.11)